河北省社会科学基金项目

城市规模与农民工市民化问题研究

李 瑞 著

中国金融出版社

责任编辑：任　娟
责任校对：张志文
责任印制：张也男

图书在版编目（CIP）数据

城市规模与农民工市民化问题研究/ 李瑞著 . —北京：中国金融出版
社，2020.1
ISBN 978 - 7 - 5220 - 0402 - 0

Ⅰ . ①城…　　Ⅱ . ①李…　　Ⅲ . ①民工—城市化—研究—中国　　Ⅳ .
①D422.64

中国版本图书馆 CIP 数据核字（2019）第 279448 号

城市规模与农民工市民化问题研究
Chengshi Guimo yu Nongmingong Shiminhua Wenti Yanjiu

出版
发行　**中国金融出版社**

社址　北京市丰台区益泽路 2 号
市场开发部　（010）63266347，63805472，63439533（传真）
网 上 书 店　http：//www.chinafph.com
　　　　　　（010）63286832，63365686（传真）
读者服务部　（010）66070833，62568380
邮编　100071
经销　新华书店
印刷　保利达印务有限公司
尺寸　169 毫米 ×239 毫米
印张　12.75
字数　200 千
版次　2020 年 1 月第 1 版
印次　2020 年 1 月第 1 次印刷
定价　40.00 元
ISBN 978 - 7 - 5220 - 0402 - 0
如出现印装错误本社负责调换　联系电话(010)63263947

序

　　以农民工市民化为核心推进新型城镇化建设是当前以及很长一段时间国家的重要任务，对全面建成小康社会、加快社会主义现代化建设具有重大的现实意义和深远的历史影响。本书研究城市规模对农民工市民化意愿和能力的影响，以解决农民工到底应在大城市还是小城市实现市民化的问题。本书借鉴发展经济学、城市经济学和劳动经济学相关理论，提出城市规模影响农民工市民化的三个机制，即厚劳动力市场理论、人力资本外部性理论和劳动力市场极化理论。

　　本书使用流动人口动态监测调查数据，实证研究城市规模与农民工市民化意愿和能力之间的关系。市民化意愿使用定居意愿和户籍迁移意愿两个指标代理。解决城市规模内生性问题后，农民工在中等规模城市的定居意愿最低，低于其在小城市和大城市的定居意愿。城市规模越大，户籍迁移意愿越高，大城市在就业、教育、医疗等方面的优势对农民工有较强的吸引力。本书也考虑了地区、城市群和技能的异质性。

　　本书用农民工个人收入与城镇职工平均工资之比计算得到的相对收入，以及城镇住房自有状况代理市民化能力。解决内生性问题后，实证结果表明，农民工在小城市具有最高的市民化能力，大中城市市民化能力低于小城市。城市规模与农民工市民化能力同样存在地区、城市群以及技能的异质性。

　　本书结论表明，农民工市民化意愿和能力不匹配，大城市市民化意愿高、市民化能力低。为验证农民工大城市市民化意愿和能力不匹配是"能力的必然"还是与大城市对农民工的制度排斥有关，本书对城市规模影响农民工市民化意愿和能力的三个机制进行了检验，分别使用 RUMIC 2009 以及流动人口动态监测 2015 年数据检验了城市规模与农民工就业匹配效率以及城市规模与人力资本外部性的关系。研究结果表明，农民工在大城市从厚劳动力市场和人力资本外部性中受益，于是从就业和收入的角度来看，农民工在大城市具有生存发展的基本能力。本书使用 1990—2015 年三次人口普查以及三次 1% 人口抽样调查数据，研究城市规模与职业结构以及职业结构变化之间的关系，实证结果表明，城市规模扩张促进了劳动力市场极化。城市规模越大，低技能职业占比增长越快，意味着大城市对低技能劳动力的需求将不断增加，大城市更需要农民工。总之，农民工在大城市的就业和收入比中小城市有优势，大城市也需要很多低技能农民工。因此，如果没有制度性排斥，农民工在大城市实现市民化具有一定合理性。

　　本书得出如下政策启示：尽管农民工在大城市市民化能力低，但农民工在大城市具有生存发展的能力，城市管理者不能以控制大城市人口规模为借口实施针对农民工的排斥政策。政府应该在提高城市管理水平、加强农民工技能培训、在中西部培育大城市上下功夫，实现农民工在大城市"常住化"意义上的市民化。

目　录

第一章　导　论

第一节　选题背景和研究意义

一、选题背景

以农民工市民化为核心推进新型城镇化建设，对全面建成小康社会、加快社会主义现代化建设具有重大意义。新型城镇化强调以人为核心，重点在于农民工的市民化。认清当前城镇化以及市民化所处的主要阶段、主要矛盾和主要问题，对于应对城镇化面临的风险和挑战、顺利推进城镇化建设、最终实现城镇化，具有重要的现实意义。尽管城镇化建设已开展多年，但当前还存在以下几个突出问题：

（一）城镇化滞后于工业化

我们以城镇人口占全体人口的比例作为城镇化率的指标，2017 年国家统计局公布的我国常住人口城镇化为 58.52%①，处于城镇化率 30% ~ 70% 的中期阶段，超过世界平均水平，但远低于主要工业化国家。据世界银行统计，2015 年美国的城镇化率为 81.62%，英国的城镇化率为 82.59%，德国的城镇化率为 75.3%，日本的城镇化率为 93.5%。我们以工业增加值占经济总量的比例作为工业化率的指标，2017 年我国工业化率为 33.22%。城镇化率超过工业化率 25.3 个百分点，两者的比值是 1.76（城镇化率/工业化率 = 1.76），低于世界平均水平（53.4% ÷ 27.61% = 1.93），中国工业化推进的城市化率低于全球平均水平。

城镇化通过劳动力从农村向城市、从第一产业向第二和第三产业转移，

---

① 参见《中华人民共和国 2017 年国民经济和社会发展统计公报》，本书统计范围不含港澳台。

实现不同产业间生产效率的均衡,这是城镇化成熟的标志。从各个产业所占 GDP 的比重和各个产业就业比重的关系也能看出城镇化发展的阶段。以已经完成城镇化的美国为例,2014 年 1.6% 的农业劳动力贡献了约 1.33% 的 GDP,约 20% 的工业劳动力贡献了 20% 的 GDP,约 77.8% 的服务业劳动力贡献了 77.98% 的 GDP。美国的劳动力分布比例与其 GDP 贡献率基本相当,这是城镇化成功的体现,表明各部门劳动生产率比较接近。但从我国的统计数据来看,2017 年全国第二和第三产业增加值占 GDP 的比重为 92.1%,第一产业占 7.9%[①]。按理想的城镇化标准,城乡人口比例、非农就业和农业就业比例应该和这个比例差不多。但实际上,当前我国城镇人口和农村人口的比例约为 59∶41,远低于 12∶1 的比例,农村人口仍然过多。从劳动力就业来看,非农就业和农业就业比例为 72∶28,也远低于 12∶1 的产业比例。我国城镇化滞后于工业化,需要转移的农业劳动力依然很多。城镇化水平不足,既抑制了国内消费能力的提升,也制约了经济的持续增长潜能。

(二) 身份转换滞后于职业转换

从各国城镇化发展经验来看,农村人口向城镇转移按照地点转换、职业转换和身份转换的顺序进行。地点转换是指农村居民由农村转移到城镇,职业转换是指由农业就业转移到非农就业,身份转换是指由农民转换为市民。城镇化的顺利进行,靠的就是这三个环节的有序衔接,我国已经实现了农村居民在前两个环节的转换,并诞生了农民工这一庞大群体,但身份转换步履维艰。

2017 年我国常住人口城镇化率为 58.52%,按照户籍人口计算的城镇化率为 42.35%[②],与前者相差 16.17 个百分点。这 16.17 个百分点是 2.23 亿人,这些人正是进入城市并完成职业转换,但还没有实现身份转换的农民工。《国家新型城镇化规划 (2014—2020 年)》提出到 2020 年户籍人口城镇化率达到 45% 以上。如果按照《国家人口发展规划 (2016—2030 年)》所预计的 2020 年我国人口规模在 14.2 亿人左右,那么要想达到 2020 年的户

---

① 参见《中华人民共和国 2017 年国民经济和社会发展统计公报》。
② 参见《中华人民共和国 2017 年国民经济和社会发展统计公报》。

籍人口城镇化率目标，从 2018 年开始还需要实现 5000 万农业转移人口在城镇落户，其中大部分将是农民工的市民化。农民工既不同于农民也不同于城市工人，他们进城务工，从事非农就业但没有城市户口，享受不到户籍居民所享有的基本公共服务，处于半城镇化状态。当前农民工境况可以用"四易四难"概括，即进城易，落户难；同工易，同权难；生存易，过好难；共存易，融入难（厉以宁等，2014）。

有序推进农民工城镇落户是当前城镇化工作的一项重要内容，推进农民工市民化的重点不在于取消户籍制度。户籍制度之所以成为阻碍农民工市民化的制度障碍，主要在于户籍背后所附带的各项差别巨大的社会福利和公共服务。基本公共服务关系到农民工在城市的生活状态和福利水平，实现公共服务均等化才是农民工市民化的应有之义。

（三）农民工的大城市偏向与城镇化政策的中小城市导向存在矛盾

当前，不同规模城市面临不同的人口问题，一个基本的认识是大城市人口急剧膨胀，中小城市、小城镇人口吸引力不足。2010 年第六次人口普查显示，流动人口分布表现出强烈的大城市偏向，约四成流动人口居住在人口 500 万以上的特大或超大城市。50 个大中城市外来常住人口占全国总量的 80%。中小城市、小城镇人口聚集力不足，全国大部分县城和小城镇人口数量都很少，县级城镇人口平均只有 7 万人，小城镇不到 1 万人（厉以宁等，2014）。城市集聚理论认为，人口的空间集聚具有正的外部性，正外部性主要有三个来源，即劳动力匹配、中间投入品共享和知识溢出（Duranton 和 Puga，2004）。集聚程度较高的城市劳动力更容易实现就业匹配，并在不断学习的过程中提高人力资本水平从而获得较高的收入回报。但人口集聚也会带来负效应，即拥挤效应，主要表现为房价高涨和生活成本的上升，这些都会抑制城市规模的无限扩张。大城市可以发挥规模优势，避免小城镇建设的资源浪费，同时与广大农民工的定居意愿相匹配，因此有些学者认为大城市或者大都市圈模式应是中国城镇化的主要模式（王小鲁，2010；陆铭等，2012；孙中伟，2015）。

回顾我国有关人口流动的政策文件可以发现，一直以来城镇化建设是以促进中小城市、小城镇发展为导向的，这与城乡分割的户籍制度有关。

1955 年《国务院关于建立经常户口登记制度的指示》出台，标志着我国开始全面实施户口登记制度，从此"农业户口"和"非农业户口"划分与管理的二元户籍制度开始实施，并影响至今。1964 年《公安部关于处理户口迁移的规定（草案）》出台，开始对农民进城和人口流动实行严格管制。直到改革开放后，对农村流动人口流向城市的限制才逐步放开，但在户籍制度改革和落户政策实施方面存在中小城市导向。1979 年党的十一届四中全会通过的《中共中央关于加快农业发展若干问题的决定》提出，"一定要十分注意加强小城镇的建设，逐步用现代工业交通业、现代商业服务业、现代教育科学文化卫生事业把它们武装起来……"1980 年全国城市规划工作会议确定了"控制大城市规模，合理发展中等城市，积极发展小城市"的方针。1985 年国民经济和社会发展第七个五年计划提出"坚决防止大城市过度膨胀，重点发展中小城市和城镇"。1990 年国民经济和社会发展第八个五年计划提出"进一步调整与优化农村产业结构，推进小城镇建设进程"。1998 年《中共中央关于农业和农村工作若干重大问题的决定》提出"发展小城镇，是带动农村经济和社会发展的一个大战略"。2001 年国民经济和社会发展第十个五年计划提出"发展小城镇是推进我国城镇化的重要途径"。2006 年国民经济和社会发展第十一个五年计划提出"鼓励农村人口进入中小城市和小城镇定居，特大城市要从调整产业结构的源头入手，形成用经济办法等控制人口过快增长的机制"。2011 年国民经济和社会发展第十二个五年计划提出"特大城市要合理控制人口规模，大中城市要加强和改进人口管理，继续发挥吸纳外来人口的重要作用，中小城市和小城镇要根据实际放宽落户条件"。2014 年《国家新型城镇化规划（2014—2020 年）》要求全面放开建制镇和小城市落户限制，有序放开城区人口 50 万～100 万的城市落户限制，合理放开城区人口 100 万～300 万的大城市落户限制，合理确定城区人口 300 万～500 万的大城市落户条件，严格控制城区人口 500 万以上的特大城市人口规模。2016 年《国务院关于深入推进新型城镇化建设的若干意见》（国发〔2016〕8 号）提出，"除超大城市和特大城市外，其他城市不得采取要求购买房屋、投资纳税、积分制等方式设置落户限制"。

　　尽管政策不断调整变化，但城镇化政策长期以来坚持中小城市和小城镇导向，与人口流动的大城市偏向存在矛盾。直到 2019 年 3 月国家发展改革委对外公布了《2019 年新型城镇化建设重点任务》，提出"继续加大户籍制度改革力度，在此前城区常住人口 100 万以下的中小城市和小城镇已陆续取消落户限制的基础上，城区常住人口 100 万—300 万的 Ⅱ 型大城市要全面取消落户限制；城区常住人口 300 万—500 万的 Ⅰ 型大城市要全面放开放宽落户条件，并全面取消重点群体落户限制。超大特大城市要调整完善积分落户政策，大幅增加落户规模、精简积分项目，确保社保缴纳年限和居住年限分数占主要比例"，标志着大城市的户籍制度改革迈出了重要一步，但政策导向与人口流向之间的矛盾短时间内无法解决。

（四）市民化意愿与市民化能力不匹配

我们以是否打算在现居地长期居住作为农民工市民化意愿的指标，2015 年流动人口动态监测数据显示，50% 左右的农民工具有市民化意愿。如果以是否愿意转换为城镇户口作为农民工市民化意愿的指标，则约有 43% 的农民工具有市民化意愿（张鹏等，2014）。尽管不是所有农民工都想成为城市居民，但从调查数据反映的情况来看，农民工市民化意愿并不低，在 50% 左右；而且实证研究表明，新生代农民工比老一代农民工的市民化意愿高，具有稳定就业，在城市有丰富流动经历的农民工市民化意愿较高（Zhu 和 Chen，2010；罗小锋和段成荣，2013）。当前，新生代农民工占全部农民工的比例不断提高，随着新生代农民工在务工城市经验的积累，其定居意愿也会不断提高。但从市民化能力看，农民工内部群体分化明显。农民工市民化能力受教育水平、劳动技能以及流动经历的经验积累等因素影响。从月收入看，国家统计局公布的农民工监测调查数据显示，2016 年农民工月平均收入为 3572 元[1]，2009—2016 年月实际工资年均增长 11.07%，同期城镇职工平均工资增长率为 8.4%。尽管近年来农民工收入有了较大提升，农民工工资增长率超过城镇职工，但农民工整体收入还处于较低水平，市民化能力受到收入水平的限制。

住房是决定农民工在城市能否稳定居住的重要因素，住房条件和房价既影响着农民工是否选择在城市长期定居、是否把户口迁移到城市，也影

---

[1] 国家统计局 . 2016 年全国农民工监测调查报告［EB/OL］.［2017 – 04 – 28］. http：//www. gov. cn/xinwen/2017 – 04/28/content_ 5189509. htm#1.

响着他们的职业选择，农民工在城镇的住房来源和类型是其市民化能力的又一体现。国家统计局发布的《2016 年全国农民工监测调查报告》显示，进城农民工购买商品房的比例为 16.5%，购房比例虽有所提高，但与 50% 左右的定居意愿相比，购房比例还是偏低，市民化能力和意愿不匹配。

社会保障制度对农民工的覆盖面过小、保障水平过低的问题也制约了农民工市民化能力的提升。《2014 年全国农民工监测调查报告》显示，农民工"五险一金"参保率分别为工伤保险 29.7%、医疗保险 18.2%、养老保险 16.4%、失业保险 9.8%、生育保险 7.1%、住房公积金 5.6%[①]，农民工社会保障程度不高。从社会保障水平看，农民工与城镇户籍劳动力也存在显著差距。以北京市为例，2010 年不同户口类别社会保险单位与个人缴费情况见附录 A。无论是人均个人负担部分还是单位缴费部分，农民工缴费金额均显著低于城镇户籍从业者，外埠农民工单位缴费金额还要低于本市农民工。北京市的例子是中国农民工现状的缩影，制度设计与户籍制度挂钩，增加了农民工市民化的难度。

中国城镇化涉及的人口众多、牵涉面之广使其成为 21 世纪重要的社会变革。城镇化滞后于工业化、身份转换滞后于职业转换，凸显了农民工市民化的重要性。大城市偏向与城镇化政策的中小城市导向相矛盾、农民工市民化意愿和能力不匹配是现实存在的问题，亟待突破解决。通过上述背景分析，本书认为不同规模城市对不同技能的职业需求存在差异，大城市不但是高技能人才的主要聚集地，而且需要更多的低技能劳动力，如快递员、餐厅服务员等，因此吸引了大量农民工，同时也会反映在农民工就业水平和工资方面，诱人的就业机会和收入以及较高的公共服务水平显著提升了农民工融入大城市的意愿和能力。但大城市生活成本高、落户限制严格、房价高企，这些反过来又抑制了农民工市民化意愿和能力的提升。本书利用农民工微观数据实证研究城市规模对农民工市民化意愿和能力的影响，并提出城市规模影响农民工市民化意愿和能力的机制，为新型城镇化建设提供新的思考。

---

① 国家统计局 . 2014 年全国农民工监测调查报告［EB/OL］.［2015 - 04 - 29］. http：// www. stats. gov. cn/tjsj/zxfb/201504/t20150429_ 797821. html.

二、研究意义

当前，城镇化建设的主要内容是加快农业转移人口市民化，推动农民工在城镇稳定就业和落户。农民工流入大城市和中小城市面临的市民化处境不同：首先，在大城市可以获得更高的非农就业收入，更容易找到与自身技能相匹配的工作，同时大城市聚集了大量高技能劳动力，人力资本外部性使农民工有更大的可能性获得人力资本的提升，这都是集聚经济的正效应。不过，也应看到，大城市居住成本高，存在难以克服的户籍壁垒，并且户籍与住房、教育、医疗、就业等紧密相关，加大了农民工融入大城市的难度。其次，不同规模城市经济发展水平、人口数量及政府财力的实际差距，科学技术的应用范围和程度有所不同，科技在经济中的广泛渗透对不同职业技能劳动力产生显著影响。一部分职业被替代，劳动力需求减少，收入水平增长缓慢；另一部分职业借助科技的广泛应用提高了生产力，表现为就业人数的增加和收入水平的快速提高。职业类型与职业技能紧密相关，不同规模城市受科技的影响对职业技能的需求存在差异，这是农民工在不同规模城市就业所面临的现实环境。研究不同城市规模农民工市民化意愿和市民化能力差异，既具有理论意义，也具有现实意义。

（一）理论意义

农民工市民化意愿的高低由其所获得的效用水平决定，较高效用水平的农民工具有较强的市民化意愿。以相对收入水平和在城镇是否拥有自有住房衡量的市民化能力，其高低影响着农民工福利效用水平。本书认为，农民工市民化意愿和能力的研究实质是对这个群体在城市集聚中福利效应的研究。本书的研究有助于从理论上厘清不同技能劳动者在城市集聚中的福利效应，特别是中国特殊户籍制度背景下低技能劳动力占主体的农民工是否在城市发展中获得较高的福利水平。本书第六章提出城市规模影响农民工市民化的三个影响机制，即厚劳动力市场理论、人力资本外部性理论和劳动力市场极化理论，丰富了对低技能劳动力集聚福利效应的研究。厚劳动力市场理论和人力资本外部性理论是两个微观机制，前者考量城市规模扩大是否提高了低技能劳动力在劳动力市场上就业匹配的效率；后者从知识外溢的角度检验大城市高技能劳动力的集聚是否对低技能劳动力尤其是农民工有正的外部性。厚劳动力市场理论和人力资本外部性理论从就业和收入角度检验农民工是否从城市集聚中受益。另外，本书使用人口普查和1%人口抽样调查城市层面数据检验不同城市规模就业极化程度的高低，并作为城市规模影响农民工市民化意愿和能力的宏观机制，从劳动力需求角度检验农民工在大城市是否有生存发展的能力。本书的研究为人口迁移理论、城市集聚理论、劳动力市场极化理论提供了现实佐证，把劳动经济学和城市、区域经济学相关理论相结合，阐述了城市规模影响农民工市民化意愿和能力的有关机制，深化了对劳动力市场的理解。

(二) 现实意义

农民工市民化是解决中国农民工问题的根本路径，是推动城镇化建设的迫切需要。研究城市规模与农民工市民化意愿和能力的关系，是农民工市民化进程中所必须面对的问题，选择不同城市作为农民工移居地对地区间经济发展、城镇化建设乃至整个国家的长期经济增长具有较强的现实意义。

第一，研究有助于协调地区间经济发展。中国地区之间、省份之间、不同等级的城市之间发展差距较大。跨省流动农民工主要从中西部流向东部沿海地区，从经济落后省份流向经济发达省份，农民工的大城市偏向在造成大城市人口拥挤的同时，导致小城镇聚集能力不足。劳动力作为生产要素在经济发达地区和大城市的集聚促进了流入地经济的迅猛发展，拉大了与落后地区的经济差距。本书从微观视角剖析城市规模与农民工市民化意愿和能力的关系，并对影响机制进行验证，有助于从城镇化和市民化的角度揭示地区间发展差距的科学内涵并提供相应的政策支持。

第二，研究有助于科学推进城镇化建设。城镇化滞后于工业化、身份转换滞后于职业转换、大城市偏向与城镇化政策的中小城市导向存在矛盾、市民化意愿与市民化能力不匹配的现实状况严重阻碍了城镇化发展。本书从厚劳动力市场、人力资本外部性和劳动力市场极化三个层面研究城市规模对农民工市民化意愿和能力的影响，有助于揭示农民工市民化的客观规律，为城镇化建设提供思考。

第三，研究有助于完善劳动力市场。农民工受限于较低的受教育水平和较少的社会资本，其在城市劳动力市场竞争中处于不利地位。本书通过对不同规模城市劳动力市场中就业匹配、人力资本外部性和职业结构变化的研究，揭示出低技能农民工在不同规模城市劳动力市场中的生存和发展状况，为完善各级劳动力市场建设、提高用人单位与不同技能劳动力的搜寻匹配质量以及提高低技能劳动力的人力资本水平提供相应启示。

第二节　研究思路和章节安排

一、研究思路

从第二章开始，本书首先对农村劳动力城市迁移理论、城市集聚理论、劳动力市场极化理论进行文献梳理，探寻农村剩余劳动力在不同规模城市迁移和定居的动因，并在梳理有关中国市民化问题文献的基础上提出本书的理论框架。其次，介绍城乡户籍制度和农民工市民化问题的产生和发展，为当前农民工和农民工市民化问题提供宏观制度注解。基于经济理论和现实制度背景，本书将研究城市规模与农民工城市定居意愿和户籍迁移意愿的关系，解答农民工是否更愿意在大城市实现市民化的疑问。农民工市民化除主观市民化意愿之外，还要考虑客观市民化能力，因此本书在研究城市规模与市民化意愿后转向城市规模与市民化能力的研究。大城市可能会为劳动者提供更高的收入和更好的就业机会，但大城市生活成本高，人才竞争激烈，农民工本身技能偏低且容易受到大城市在就业、住房和社会保障等方面的排斥，因此农民工市民化能力在大城市可能会更低，但这些假说需要实证予以证实。在研究城市规模与农民工市民化意愿和能力差异后，本书还将从厚劳动力市场、人力资本外部性及劳动力市场极化三个层面解释城市规模对农民工市民化的影响机制。最后，得出本书的主要结论和政策启示，技术路线见图1.1。

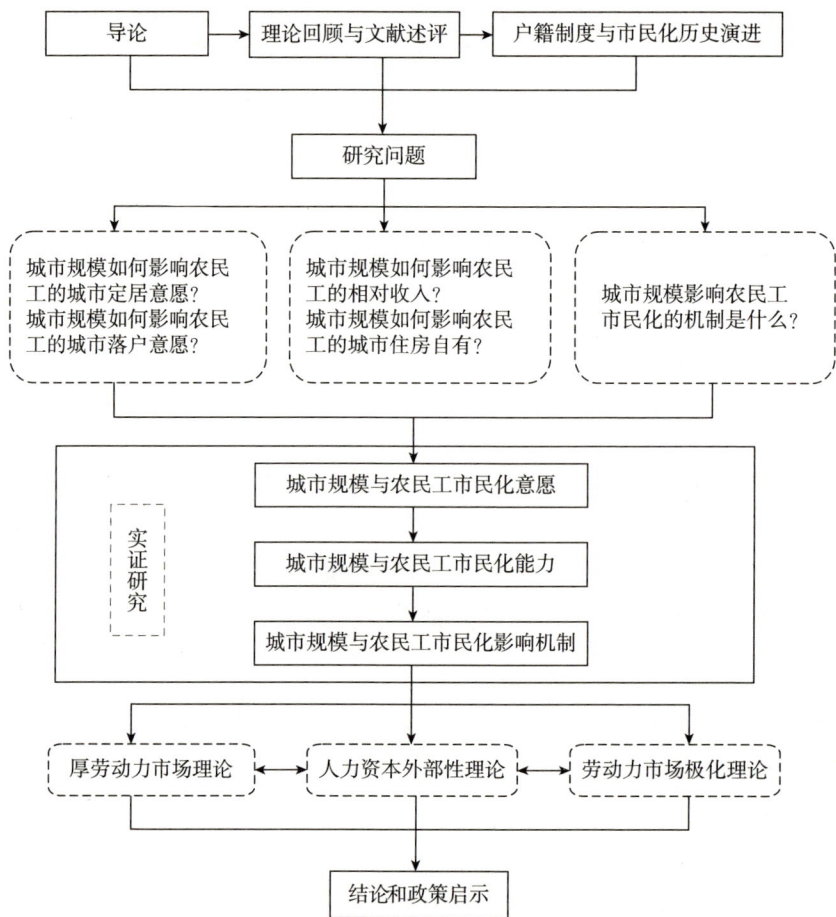

图1.1 技术路线

二、章节安排

本书共分七章，结构安排如下：

第一章为导论，主要介绍本书的选题背景、研究意义、研究思路和章节安排、研究方法、主要贡献和不足。

第二章为理论回顾和文献述评。第一节为理论回顾，首先介绍农村剩余劳动力城市转移的相关基础理论，包括 Harris－Todaro 模型、考虑城市生活成本的均衡模型与混合模型；其次，介绍城市集聚经济的微观基础，参照 Duranton 和 Puga（2004）的总结，从分享、匹配和学习三个方面介绍集聚经济的微观机制；最后，介绍劳动力市场极化理论。第二节为中国农民工市民化问题相关文献述评，梳理了有关农民工市民化意愿、市民化能力的文献，为本书的研究提供参考。第三节在基础理论与市民化文献述评基础上，总结相关理论和文献对本书的启示。

第三章回顾自中华人民共和国成立至今户籍制度与农民工市民化问题的产生和发展，按照时间进程分为城乡户籍制度建立与城乡人口流动停滞阶段（1955—1978 年）、城乡户籍制度调整与农民工问题产生阶段（1978—2000 年）、城乡户籍制度改革与农民工市民化推进阶段（2000 年至今）。

第四章开始进入本书实证研究部分。第四章使用 2012 年、2015 年流动人口动态监测调查数据，研究城市规模与农民工城市定居意愿和户籍迁移意愿的关联。除基准回归使用 Probit 之外，本书通过 Ivprobit 解决内生性问题，使用城市历史人口数据作为城市规模的工具变量，并控制住一系列个体、家庭、流动及流出地特征。

第五章研究城市规模与农民工市民化能力。第一节研究城市规模与农民工相对收入（农民工个人收入/城镇居民平均工资）的关系，使用 2SLS 控制住内生性问题，同时分样本估计不同地区、不同城市群、不同技能农民工市民化能力差异。第二节研究城市规模与农民工住房自有之间的关系。在城市拥有自有产权住房是农民工市民化能力的体现之一，本节分别使用 Probit、Ivprobit 研究城市规模与市民化能力之间的关系，并对样本按地区、城市群、技能进行了分类估计。

第六章研究城市规模影响农民工市民化的机制。第一节验证第一个影响机制即厚劳动力市场理论，这是微观影响机制。城市规模越大，劳动力市场上的求职者和雇主越多，就业匹配效率越高。本节主要以找工作所用时间作为反映劳动力市场匹配效率的指标，使用处理效应模型解决选择偏误问题。第二节从人力资本外部性角度解释城市规模对农民工市民化意愿和能力的影响，这也是微观影响机制。人力资本外部性强调劳动者之间的学习效应，尤其是高技能劳动者占比越高，知识外溢导致的其他劳动者生产效率和工资提高越多。大城市聚集了大量高技能劳动力，因此人力资本外部性更加明显，从而有利于低技能农民工收入的增长。第三节为宏观影响机制。农民工在城市主要从事生产操作类和商业服务类职业，这两类职业占比高、增长快的城市对农民工市民化具有积极影响。本节从职业结构和劳动力市场极化角度，研究不同城市规模的职业结构差异，以及城市规模对劳动力市场极化的影响。

第七章为结论和政策启示。

第三节　研究方法和数据来源

一、研究方法

本书研究城市规模与农民工市民化意愿及市民化能力的关系。理论模型主要借鉴农村剩余劳动力转移理论、城市集聚理论和劳动力市场极化理论。农民工定居意愿部分借鉴了 Hunt 和 Mueller（2004）有关移民定居的模型。城市规模影响农民工市民化的三个作用机制研究借鉴了 Duranton 和 Puga（2004）、Acemoglu 和 Autor（2011）等的研究。本书在借鉴国外有关研究的基础上，结合中国实际和研究重点，对有关模型进行了改进和完善。

第四章到第六章的实证部分主要采用现代计量经济学研究方法研究城市规模与农民工市民化意愿和能力之间的关联。第四章对市民化意愿的研究除使用 Probit 估计外，还采用 Ivprobit 解决内生性问题。第五章对市民化能力的研究主要使用两阶段 OLS、Ivprobit 解决城市规模的内生性问题。第六章对三个影响机制的研究除采用 OLS 估计外，为解决内生性和选择偏误问题，在不同情况下使用处理效应模型、2SLS 等估计方法。

二、数据来源

本书既使用了宏观经济数据，也用到了微观数据。宏观经济数据包括 1990 年、2000 年、2010 年三次人口普查，1995 年、2005 年、2015 年三次 1% 人口抽样调查的城市层级数据，以及农民工整体迁移数据和相关城市统计数据等。人口普查和抽样调查数据来自各省（自治区、直辖市）公布的资料汇编。农民工宏观迁移数据来自历年《全国农民工监测调查报告》和相关年份的《中国流动人口发展报告》。城市统计数据主要来自相关年份的《中国城市统计年鉴》《中国区域经济统计年鉴》以及各省市统计年鉴等。微观方面的数据包括 2012 年、2015 年流动人口动态监测调查数据以及 RUMIC 2009 数据。第四章和第五章实证部分使用了流动人口动态监测数据。第六章第一节使用了 RUMIC 2009 数据，第二节使用的是 2015 年流动人口动态监测调查数据，第三节用到了人口普查和人口抽样调查的城市层级数据。

三、本书的创新和不足

（一）本书的创新

与已有研究相比，本书的创新主要体现在三个方面。

第一，研究视角的创新。当前对农民工市民化意愿和能力的研究集中于个体因素对市民化的影响。部分文献只是把流入地特征因素作为控制变量加入估计方程，忽略了城市规模对农民工市民化的影响。本书结合发展经济学、城市经济学和劳动经济学相关领域的基础理论，研究城市规模对农民工市民化意愿和能力的影响，丰富了城镇化和市民化的研究体系。

第二，城市规模影响农民工市民化意愿和能力机制的提出与验证。无论是发达国家对跨国移民的研究，还是发展中国家对本国农村剩余劳动力转移的研究，都很少涉及城市规模，更没有解释城市规模影响移民融入的机理。本书从厚劳动力市场、人力资本外部性和劳动力市场极化三个层面阐释城市规模影响农民工市民化的作用机制，新机制的加入扩展了相关领域的研究。

第三，本书不仅考察城市规模对农民工市民化影响的平均效应，还进一步区分不同地区、不同城市群、不同职业技能农民工的异质性影响。中国幅员辽阔，区域之间经济发展水平差别较大，城市规模对农民工市民化意愿和能力的影响存在地区和城市群间的异质性。另外，农民工个人能力水平存在差别，不同技能水平的农民工在城市适应性、就业稳定性及收入水平方面存在明显差别。对地区、城市群和技能异质性的分析使研究更有针对性，对市民化发展政策的制定以及城镇化政策实施效果至关重要。

（二）本书的不足之处

总结来看，本书可能存在以下几个方面的不足，期待进一步完善改进。

第一，注重实证研究，理论分析略显不足。理论是实证的基础和前提，实证是对理论的验证。本书主要研究城市规模与农民工市民化意愿和能力之间的关系，并从厚劳动力市场、人力资本外部性及劳动力市场极化三个层面解释其内在机理，对理论的分析不足，这是本书的一大缺憾。

第二，没有细致分析同一城市规模下农民工市民化意愿和市民化能力的匹配程度。本书分别研究了城市规模与市民化意愿、城市规模与市民化能力之间的关联，但对同一城市规模下农民工市民化意愿和能力匹配的研究不充分，也没有建立反映匹配程度的指标，这是本书的又一不足。

第三，对城市规模影响农民工市民化意愿和市民化能力的三个机制的分析有待进一步商榷。本书从厚劳动力市场、人力资本外部性及劳动力市场极化三个层面解释城市规模与农民工市民化意愿和能力之间的关联，对影响机制的分析不能反映问题的全部，存在进一步商榷的地方。除了这三个机制，可能还存在其他影响机制而没有被重视，今后对城市规模影响农民工市民化意愿和能力的机制检验应尽量做到翔实客观，这需要相关理论的进一步扩展和完善。

第四，区域异质性和技能异质性解释不全面。城市规模无论是对农民工市民化意愿还是市民化能力的影响，都存在显著的区域和技能异质性。各地区之间、三大城市群之间、三大城市群与城市群以外的其他城市之间、不同技能水平的农民工之间都存在显著的异质性。本书所得出的结论可能只适用于总体情况，对异质性个体的解释尚不充分。异质性的存在正说明了研究问题的复杂性，不能简单化处理。本书在实证研究方面尚显粗略，对区域和个体异质性的分析和解释并不完善。今后的研究要充分解决异质性问题，使结论更加充分、更具代表性。

第二章 理论回顾和文献述评

第一节 相关理论回顾

本书研究城市规模对农民工市民化意愿和市民化能力的影响并试图解释其影响机制。与本书相关的基础理论包括农村剩余劳动力转移理论、城市集聚理论以及劳动力市场极化理论，下文将分别予以介绍。

一、农村剩余劳动力转移理论

联合国数据显示，从 1950 年到 2010 年，发展中国家城镇人口年均增长率为 2.7% ~ 4.2%，远高于发达国家同时期的 0.6% ~ 2.4%，发展中国家城镇化率也从 1950 年的 17.6% 增加到 2010 年的 46%（Brueckner 和 Lall，2015）。发展中国家农村剩余劳动力向城镇转移推动了城镇化发展，推拉理论可以很好地解释这一现象，由城市集聚带来的更好的经济机会是主要的拉力，农业生产技术的提升减少了农业生产所必需的劳动力是主要的推力。除此之外，农村在教育、医疗等公共产品上的供给不足和质量低下也是农村剩余劳动力向城镇转移的重要推力。

在推力和拉力的共同作用下，农村剩余劳动力向城市转移推动了城市人口规模的扩大。下文主要介绍农村剩余劳动力转移的相关理论，为后面的实证章节提供理论支撑。从理论发展脉络来看，最早的理论为哈里斯—托达罗模型，之后发展出了考虑城市生活成本的模型，再往后则是既包括失业因素也包括生活成本决定因素的混合模型。Harris 和 Todaro（1970）认为，农村剩余劳动力城市转移的均衡因素取决于城市失业率，当农民进入城市时推高了城市失业率，降低了单个农民在城市找到工作的概率，从而减少了农村剩余劳动力的流入。哈里斯—托达罗模型没有考虑的一个重要因素是城市生活成本。城市生活成本模型认为，随着农村剩余劳动力的不断流入，以住房为代表的城市生活成本不断提升，抵消了城市较高的收入水平，减弱了农民向城市流动的意愿。另外，在人口向城市流动的均衡过程中，Brueckner 和 Zenou（1999）、Brueckner 和 Kim（2001）同时考虑城市生活成本和失业率，提出了混合模型。

上文提到的三个模型都是静态的，不能完全解释发展中国家农村剩余劳动力向城市长时间转移的过程，因此有必要考虑动态过程。在动态模型里，农村和城市人口向均衡状态缓慢调整，或者总会出现打破静态均衡的扰动因素，使均衡调整过程不断发生。

（一）哈里斯—托达罗模型

农村劳动力向城市转移需要考虑很多因素，除了城市和农村人口，还需要考虑农村和城市产出品价格、两部门工资水平、两部门资本和土地的投入等。Harris 和 Todaro（1970）假定资本和土地的投入是固定的，随着农村人口向城市的转移，两部门工资水平和产出品价格不断变化。在一个经济体内，农村生产农产品，城市生产工业品，农业品和工业品都是可贸易的，价格等于世界价格，因此对一个经济体来说，农业品和工业品的价格是固定的。

我们把固定产出品的价格设值为 1，工资等于劳动的边际产出，随着雇用人数的增加，边际产出下降。城市人口数为 N，全社会总的人口数为 $\overline{N}$，城市和农村的收入水平分别为 $\gamma_u(N)$ 和 $\gamma_r(\overline{N}-N)$。γ_u 和 γ_r 分别表示城市和农村劳动力的边际产出。哈里斯—托达罗模型没有考虑住房消费，城市居民和农村居民消费相同的农产品和工业品，城市和农村具有相同的生活成本，两地收入差异引起了人口从农村向城市的流动。只要满足 $\gamma_u(N) > \gamma_r(\overline{N}-N)$，在城市就业不受限制的条件下，农村剩余劳动力向城市转移。人口流动达到均衡的条件为

$$\gamma_u(N) = \gamma_r(\overline{N}-N) \tag{2.1}$$

城市和农村收入相等时，城市规模均衡，农村剩余劳动力的流入提高了城市失业率。为解释高失业率，哈里斯和托达罗假定城市存在最低工资 $\overline{w}$，在这一工资水平上，雇主雇用的劳动力总量为 J，J 满足 $\gamma_u(J) = \overline{w}$。工作岗位被固定为 J，新的农村劳动力的流入不会影响在职劳动者的工资。假定不存在失业救济，城市预期收入等于就业概率乘以 $\overline{w}$，即 $(J/N)\overline{w}$。农

村剩余劳动力城市转移的均衡条件为城市预期收入等于农村收入，即

$$\frac{J}{N}\overline{w} = \gamma_r(\overline{N} - N) \qquad (2.2)$$

式（2.2）表明，城市人口规模 N 的增加，降低了城市就业概率，从而减少了新的人口流入。如果农村劳动的边际产出是固定的，农村收入固定为 $\overline{\gamma}_r$，由式（2.2）可解出均衡时城市人口规模 N：

$$N = \frac{\overline{w}}{\gamma}J \qquad (2.3)$$

式（2.3）表明，增加 $\overline{\gamma}_r$ 提高了农村吸引力，降低了城市人口规模；增加工作岗位数 J 提高了城市劳动力就业概率，城市人口规模增加；提高最低工资 $\overline{w}$ 降低了总的就业岗位数 J，因此提高最低工资 $\overline{w}$ 对城市人口规模的影响方向并不确定。

（二）城市生活成本模型

在上述哈里斯—托达罗模型里，城市和农村具有相同的生活成本，因此生活成本不影响城市人口规模。实际上，城市和农村存在生活成本差异，Alonso（1964）、Muth（1969）以及随后的 Bruechner（1990）发展了城市生活成本决定城市人口规模的模型。在标准的生活成本决定模型里，人们在城市中心工作，在城市外围居住、单位公里的通勤成本为 t、距离市中心 x 公里的劳动者总的通勤成本为 tx。居住地离市中心较远的劳动者具有较高的通勤成本，但以房租为代表的居住成本较低，房租 p 随着与市中心距离 x 的增加而减少，城市边缘房租与农村固定房租 p_r 相等，此时城市边缘与市中心的距离为 $\overline{x}$。

农村居民的工作地和居住地都在农村，通勤成本为零，房屋租赁价格 p_r 小于城市内部劳动者。城市较高的生活成本由两部分组成：一是高于农村地区的房屋租赁价格，二是通勤成本。住在城市边缘的人，其住房租赁价格等于农村住房租赁价格 p_r，其较高的城市生活成本完全来自较高的通勤成本，其可支配收入等于 $\gamma_u - p_r - t\overline{x}$，农村居民可支配收入等于城市边缘居民，因此 $\gamma_u - p_r - t\overline{x} = \gamma_r - p_r$。另外，均衡时，居住在城市不同位置的居民效用水平相等，并且等于农村地区效用水平，因此满足 $\gamma_u - t\overline{x} = \gamma_r$，这就是考虑农村和城市收入以及城市生活成本的迁移均衡的实现条件。

我们不难发现，城市人口 N 越大，城市半径 $\bar{x}$ 越大；城市收入水平 γ_u 越大，城市半径 $\bar{x}$ 越大；城市单位通勤成本 t 越大，城市半径 $\bar{x}$ 越小，因此 $\bar{x}$ 可以表示为 $\bar{x}(N,\gamma_u,t)$，并且满足 $\bar{x}_N > 0$、$\bar{x}_{\gamma_u} > 0$ 以及 $\bar{x}_t < 0$。考虑到城市和农村收入水平与人口规模相关，迁移均衡条件可以表示为

$$\gamma_u(N) - t\bar{x}[N,\gamma_u(N),t] = \gamma_r(\bar{N} - N) \qquad (2.4)$$

满足式（2.4）的城市人口规模 N 确定了均衡时的城市人口规模，假定存在不变的劳动边际生产力，城市和农村的收入水平不变，用 $\bar{\gamma}_u$ 和 $\bar{\gamma}_r$ 替换式（2.4）中的 $\gamma_u(N)$ 和 $\gamma_r(\bar{N} - N)$，得到如下均衡条件：

$$\bar{\gamma}_u - t\bar{x}(N,\bar{\gamma}_u,t) = \bar{\gamma}_r \qquad (2.5)$$

均衡时，城市人口规模 N 是 $\bar{\gamma}_u$、$\bar{\gamma}_r$ 和 t 的函数。由式（2.5）可知，当农村收入 $\bar{\gamma}_r$ 增加时，式（2.5）左边的值也要增加，意味着 $\bar{x}$ 将下降，城市人口规模 N 将增加，即

$$\frac{\partial N}{\partial \bar{\gamma}_r} = -\frac{1}{x_N} < 0 \qquad (2.6)$$

式（2.6）表明农村收入吸引力增强，城市人口规模降低。城市人口规模降低，城市生活成本下降，直到城市与农村吸引力达到新的均衡。对式（2.5）求 $\bar{\gamma}_u$ 和 t 的微分得

$$\frac{\partial N}{\partial \bar{\gamma}_u} = \frac{1 - t\bar{x}_{\gamma_u}}{x_N} > 0, \quad \frac{\partial N}{\partial t} = -\frac{\bar{x} + t\bar{x}_t}{x_N} < 0 \qquad (2.7)$$

当 $\bar{\gamma}_u$ 提高时，城市变得更有吸引力，城市人口增加，直到城市生活成本上升到能够抵消 $\bar{\gamma}_u$ 提高带来的正效应；当 t 增加时，意味着单位通勤成本上升，城市吸引力下降，城市人口规模下降。以上模型的迁移均衡条件受到城市生活成本的影响，下文介绍把哈里斯—托达罗模型和城市生活成本模型结合起来的混合模型以及动态模型。

（三）混合模型和动态模型

Brueckner 和 Zenou（1999）、Brueckner 和 Kim（2001）认为，失业和生活成本共同决定农村剩余劳动力向城市转移的均衡，并发展出了混合模型。在混合模型里，就业状态每期重新决定，劳动者通过储蓄和借贷平滑其就业和失业状态下的消费，劳动者在城市的期望收入为 $w_e = (J/N)\bar{w}$。类似于城市生活成本模型迁移均衡的条件，把式（2.4）中的 $\gamma_u(N)$ 用 w_e 代替，

混合模型里农村剩余劳动力迁移的均衡条件由式（2.8）和式（2.9）共同决定。

$$w_e - t\bar{x}(N, w_e, t) = \gamma_r(\bar{N} - N) \tag{2.8}$$

$$w_e = (J/N)\bar{w} \tag{2.9}$$

城市人口 N 的增加，导致期望收入 $\bar{w}$ 下降。另外，单位通勤成本 t 和农村收入 γ_r 的增加都会导致城市人口减少。导致城市人口增加的主要因素是城市工作岗位数 J 和劳动边际生产率 γ_u。随着农村剩余劳动力向城市转移，城市人口 N 的增加量一定要小于工作岗位 J 的增加，因此失业率 $(1 - J/N)$ 下降。

无论是对哈里斯—托达罗模型、城市生活成本模型还是混合模型的分析，均没有考虑均衡的稳定性。当城市可支配收入高于农村收入时，农村剩余劳动力向城市转移，城市人口规模增加；反之，城市人口规模下降。发展中国家的现实状况是持续发生农村剩余劳动力向城市的转移，并且没有停止的迹象，这意味着迁移模型由非均衡状态向均衡状态调整的过程非常缓慢，于是有了农村剩余劳动力转移的动态模型。

在动态模型里，$N(t, \alpha_r, J\bar{w})$ 表示均衡时的城市人口规模，其中 α_r 表示农村劳动生产率，令 τ 表示时间，假定各参数不受 τ 的影响。农村剩余劳动力向城市转移，城市人口规模的调整过程由式（2.10）表示：

$$\Delta N_{\tau+1} = N_{\tau+1} - N_\tau = \lambda \left[N(t, \alpha_r, J\bar{w}) - N_\tau \right] \tag{2.10}$$

式中，λ 为调整参数，满足 $0 < \lambda \leq 1$。在每一期，λ 比例的城市现有人口与均衡人口之间的差额被补齐，从非均衡到均衡的调整是一个长期的过程。如果初始时期城市人口规模较小，均衡人口规模较大（t 或者 α_r 较小，$J\bar{w}$ 较大），城市人口规模在开始的几个时期增长迅速，随后调整幅度逐渐减小，调整将持续较长时间。

总结农村剩余劳动力转移的三个模型可以看出，哈里斯—托达罗模型、城市生活成本模型及混合模型都是静态的，农村剩余劳动力向城市的转移使人口在城市和农村之间的流动均衡瞬时实现，式（2.10）的动态均衡意味着农村剩余劳动力向城市的转移需要持续较长时期。

二、城市集聚理论

本部分内容主要介绍城市集聚经济的微观基础，参照 Duranton 和 Puga

(2004) 的内容，从分享（Sharing）、匹配（Matching）及学习（Learning）三个方面展开。集聚效应是城市规模报酬递增的体现，规模报酬递增带来的集聚效应与城市拥挤引起的各项成本之间的权衡决定了城市规模。分享主要是指共享不可分割设施、共享多样化中间投入品和共享专业化带来的收益等，匹配主要是指劳动力市场代理双方的互动提高了匹配的质量和匹配成功的可能性，学习主要是指城市集聚有利于知识的生成、传播和累积。

（一）分享

1. 共享不可分割设施

城市的出现使某些不可分割物品或设施的提供成为可能，例如大剧院属于不可分割设施，一个大剧院的建设需要大量资金，在只有 1 万人的小镇上，平均每个人分担万分之一的成本；而在常住人口 100 万人的大城市，平均每人分担百万分之一的成本。某些设施具有不可分割性，需要满足一定的人口规模才能提供，而且这些物品可能具有排他性，只有付费才能使用。当使用这一不可分割设施的消费者增多时就会产生拥挤，如果有大量潜在消费者，则存在分担不可分割设施固定成本与使用这一设施可能会造成拥挤的权衡，城市规模以及不可分割设施的供给水平就是最终权衡的结果。

2. 共享多样化中间投入品

在一个垄断竞争行业，分享多样化中间投入品可带来生产的规模报酬递增。假定存在 m 个部门，每个部门内企业都是完全竞争的，在规模报酬不变的情况下为最终产品部门生产中间投入品。最终产品生产部门使用各部门提供的中间投入品，在不变替代弹性的生产技术下生产最终产品，最终产品的生产函数见式（2.11）：

$$Y^j = \left\{ \int_0^{n^j} \left[x^j(h) \right]^{\frac{1}{1+\varepsilon^j}} dh \right\}^{1+\varepsilon^j} \qquad (2.11)$$

式中，$x^j(h)$ 表示中间投入品 h 总的使用量，n^j 表示中间投入品的数量。中间投入品的生产函数为

$$x^j(h) = \beta^j l^j(h) - \alpha^j \qquad (2.12)$$

式中，$l^j(h)$ 表示企业的劳动投入，β^j 表示劳动的边际生产率，α^j 表示部门 j 的固定成本。中间投入品的生产符合规模报酬递增，意味着任意一个中间投入品都由唯一的生产厂商生产，一个厂商只生产唯一的中间投入品。定义

$q^j(h)$ 为 j 部门中间投入品 h 的价格, 简化的最终产品成本为 $\int_0^{n^j} q^j(h) x^j(h) dh$, 可以计算出对中间投入品的需求:

$$x^j(h) = \frac{\left[q^j(h) \right]^{-\frac{1+\varepsilon^j}{\varepsilon^j}} Y^j}{\left\{ \int_0^{n^j} \left[q^j(h') \right]^{-\frac{1}{\varepsilon^j}} dh' \right\}^{1+\varepsilon^j}} \qquad (2.13)$$

每个中间投入品厂商利润最大化的价格是利润超过边际成本的一个固定比例, 见式 (2.14):

$$q^j = \frac{1 + \varepsilon^j}{\beta^j} w^j \qquad (2.14)$$

式中, w^j 表示 j 部门的工资水平, 中间投入品部门是自由进入和退出的, 其利润最终为零, 使用式 (2.12) 和式 (2.14) 计算 x^j, 得到中间投入品生产厂商利润为零时的产量:

$$x^j = \frac{\alpha^j}{\varepsilon^j} \qquad (2.15)$$

结合式 (2.12) 可知, 每一个中间投入品厂商雇用的劳动力总量为 $l^j = \alpha^j(1 + \varepsilon^j)/(\beta^j \varepsilon^j)$, 于是均衡时部门 j 的厂商数量为

$$n^j = \frac{L^j}{l^j} = \frac{\beta^j \varepsilon^j}{\alpha^j(1 + \varepsilon^j)} L^j \quad x^j = \frac{\alpha^j}{\varepsilon^j} \qquad (2.16)$$

式中, L^j 表示中间投入品部门 j 总的劳动供给量, 把式 (2.15) 和式 (2.16) 代入式 (2.11), 得到部门 j 总的生产函数:

$$Y^j = \left[n^j \left(x^j \right)^{\frac{1}{1+\varepsilon^j}} \right]^{1+\varepsilon^j} = (L^j)^{1+\varepsilon^j} \qquad (2.17)$$

式 (2.17) 表现出明显的部门间规模报酬递增, 式 (2.16) 表明部门 j 的劳动投入与中间投入品厂商的数量有关, 最终产品部门面临多样化选择时提高了产品的生产率, 分享中间投入品的多样化给最终产品生产部门带来了收益, 这是集聚经济的体现之一。

3. 共享专业化带来的收益

专业化分工可提高生产效率始于亚当·斯密对制针厂的研究, 在一个工人较多的制针厂, 效率高并不仅仅是因为一些工人从事新的工作, 而是因为某些工人被分配从事特定的专业化工作。换句话说, 斯密认为工人花大量时间从事某一特定专业化工作, 为企业带来效率的提升。斯密从三个方面解释专业化产生效率的原因: 第一, 长期从事某一特定工作, 提高了

工人的熟练程度，也就是所谓的"干中学"；第二，工人不再转换任务，节省了一些固定成本，这些固定成本与工作转换相关；第三，简单的工作任务更容易机器化。这些都是专业化的优势，集聚经济更容易形成劳动力专业化。

（二）匹配

从劳动力市场匹配的角度看，存在两种集聚经济：首先，存在匹配的外部性，提高劳动力市场参与匹配双方的数量可以提高匹配的质量；其次，规模较大的劳动力市场有利于提高匹配成功的数量。

我们首先介绍规模较大的劳动力市场如何提高了匹配的质量。假定行业内部厂商的数量是内生决定的，行业内厂商使用相同的技术生产同质化产品，单个厂商的生产函数为 $y(h) = \beta l(h) - \alpha$。每个劳动者具有不同的技能水平来提供 1 单位劳动力，如果厂商雇用了与职位技能不完全匹配的劳动者，则存在错配成本。厂商依据利润最大化原则为劳动者提供工资，接受这份工作的劳动者获得工资减去错配成本的余额。

假定市场中有 n 个厂商，与厂商技能距离为 z 的劳动者如果接受厂商 h 提供的工资 $w(h)$，需要满足：

$$w(h) - \mu z = w - \mu \left(\frac{1}{n} - z \right) \tag{2.18}$$

厂商 h 雇用的劳动力技能距离位于 z 以内，其雇用的劳动量为

$$l(h) = 2Lz = \frac{L}{n} + \left[w(h) - w \right] \frac{L}{\mu} \tag{2.19}$$

把式（2.19）代入厂商 h 的利润函数并对 w 求导，得到均衡的工资水平：

$$w = \beta - \frac{\mu}{n} \tag{2.20}$$

劳动力市场竞争降低了错配成本（μ），把式（2.19）和式（2.20）代入厂商的利润函数得到

$$\pi = \frac{\mu}{n} \times \frac{L}{n} - \alpha \tag{2.21}$$

厂商的自由进出使厂商的利润最终为零，均衡时的厂商数量为

$$n = \sqrt{\frac{\mu l}{\alpha}} \tag{2.22}$$

对称均衡时每个厂商雇用 $l = L/n$ 个劳动力，则最终的生产函数变为

$$Y = n(\beta l - \alpha) = \left(\beta - \sqrt{\frac{\alpha\mu}{L}}\right)L \qquad (2.23)$$

式（2.23）表现出明显的规模报酬递增，随着劳动力总量 L 的增多，由于劳动力市场竞争，厂商劳动力需求增加的比例小于劳动力供给总量的增加，在固定生产成本条件下提高了单个劳动者的产出。

除上文提到的集聚可以提高匹配质量外，Kim（1989）允许劳动者在普通人力资本和特殊人力资本投资之间进行选择。他发现随着市场规模的不断增加，相对于普通人力资本，投资于特殊人力资本的比例开始提高，专业化程度随城市规模的增大而提高，因为在规模较大的城市，特殊人力资本的匹配效率要比一般规模的城市大很多。

上面除劳动力市场参与匹配的个体增加会提高匹配的质量之外，城市集聚经济在匹配方面的另外一个来源是提高参与匹配的个体数量能够提高匹配的概率。相关模型的核心是建立由求职者人数和空余职位数决定的匹配函数，当按照一定比例增加求职者人数和空余职位数时，工作匹配成功数以更大比例提高。在这种情况下，提高劳动力市场参与者数量降低了搜寻匹配成本，大大减少了失业人数和空余职位数。

令 V 表示可以选择的空余职位数，U 表示求职人数，假定每一空余职位对求职者而言都是相同的，某一求职者申请某一空余职位的概率为 $1/V$，某个空余职位没有接收到求职申请的概率为 $(1 - 1/V)^U$。于是，匹配函数可以表示为

$$M(U,V) = V[1 - (1 - 1/V)^U] \qquad (2.24)$$

上述匹配函数呈现出规模报酬递增，随着求职者人数和空余职位数的增加，匹配成功的数量以更大比例增加。

（三）学习

学习的一个很重要的属性在于人与人之间的互动，很多时候需要面对面交流。城市聚集了大量劳动力，便于人与人之间的学习互动。正如 Lucas（1988）所言，城市在学习方面的优势并不仅仅在于前沿技术领域，还在于日常知识的创造、扩散和累积。

以知识和技能的传播为例，与高技能的人广泛接触便于知识和技能的

传播。假定风险中性的个体共生活两期，时间是离散的，不考虑时间的贴现价值，不考虑人口增长，两代人之间没有利他主义。个体的目标函数取决于终生效用函数的最大化，劳动者可以是高技能的，也可以是低技能的，低技能劳动者产出是 $\underline{\beta}$，高技能劳动者产出是 $\bar{\beta}$，并且 $\bar{\beta} > \underline{\beta}$。劳动者工资由其劳动的边际生产率决定，因此高技能的劳动者获得更高的工资。每一个劳动者出生时都是低技能的，年轻时（第一期）可以通过不断学习提高技能，年老后（第二期）成为高技能劳动力。

在每一期，个体在农村与城市之间进行居住选择，假定劳动者只能通过与高技能者面对面交流学习才能变为高技能劳动力。城市拥有大量高技能劳动力，为低技能劳动力的技能提升提供了机会，低技能劳动力在城市 i 变为高技能劳动力的可能性为 $f(N_i^s)$，其中 N_i^s 表示城市中高技能劳动力人数，$f' > 0$，$f'' < 0$。令 V_i 表示在城市 i 成为高技能劳动力的收益，参照 Jovanovic 和 Nyarko（1995）、Glaeser（1999）的研究结论，我们假定高技能劳动力可以向低技能劳动力收取技能传授的费用，假定年轻人将成为高技能劳动力收益 V_i 的一半作为回报支付给传授给他技能的年老的高技能劳动力，年老的高技能劳动力从技能传播中获得的收益为 $V_i/2$。于是，年轻人为获得高技能选择进入城市，年老的高技能劳动力也会留在城市以便获得技能传播的租金。但住在城市的生活成本高于农村，假定住在城市 i 的成本为 τN_i，总的劳动力数量是高技能劳动力和低技能劳动力的总和，即 $N_i = N_i^s + N_i^U$。在这个模型里，年轻时选择进入城市可看作对人力资本的风险投资，在城市意味着较高的生活成本，但也意味着能够提高年老后的技能和收入。

两期都住在农村的劳动者总的消费支出为 $c_{H,H} = 2\underline{\beta}$，这一消费支出大于第一期选择住在农村、第二期住在城市的个体，即 $c_{H,H} > c_{H,i}(2\underline{\beta} - \tau N_i)$，因为年轻时住在农村无法成为高技能劳动力。如果个体年轻时在城市 i 没有获得高技能，在年老后选择进入农村，那么他的总的消费支出为 $c_{i,H}^U = 2\underline{\beta} - \tau N_i$。如果年轻时在城市 i 没有获得高技能的劳动者年老时进入城市 j，他的总的消费支出会更低，即 $c_{i,j}^U = 2\underline{\beta} - \tau N_i - \tau N_j < c_{i,H}^U$。于是，低技能的老年劳动力，或者是因为他们年轻时住在农村，或者是因为他们虽然年轻时住在城市但没有成功获得高技能，他们最佳的选择是年老后进入农村，这样的结果使均衡时城市中所有的低技能劳动力都是年轻人。

年轻时选择进入城市 i 并成功获得了高技能、年老时选择进入农村的劳动者总的消费支出为

$$c_{i,H}^s = \underline{\beta} - \frac{V_i}{2} - \tau N_i + \bar{\beta} \tag{2.25}$$

最后，那些年轻时进入城市 i，成功获得高技能，而年老时进入城市 j 的劳动者两期消费支出的期望函数为

$$E(c_{i,j}^s) = \underline{\beta} - \frac{V_i}{2} - \tau N_i + \bar{\beta} + \frac{N_j^U f(N_j^S)}{N_j^S} \frac{V_j}{2} - \tau N_j \tag{2.26}$$

式中，$\dfrac{N_j^U f(N_j^S)}{N_j^S}$ 表示高技能老年人把技能传授给低技能年轻人的预期数量。式（2.25）和式（2.26）的大小决定了年老的高技能劳动力在农村和城市间的选择，如果年老后进入农村，则生活成本更低，但放弃了培训低技能劳动力所获得的租金。

在稳态时，城市人口数量不再变化，高技能劳动力比例也不再变化，所有的年轻劳动力都进入城市，所有年老的高技能劳动力都留在城市，所有年老的低技能劳动力都进入农村，此时由低技能劳动力变为高技能劳动力的收益 V 可以表示成

$$V = E(c_{C,C}^s) - c_{C,H}^U = \bar{\beta} - \underline{\beta} - \tau N \tag{2.27}$$

在稳态时，所有年轻人都喜欢住在城市，那么需要满足 $f(N^S)E(c_{C,C}^s) + [1 - f(N^S)]c_{C,H}^U > c_{H,H}$，把式（2.27）代入并化简得到

$$f(N^S)(\bar{\beta} - \underline{\beta} - \tau N) \geq \tau N \tag{2.28}$$

如果让年老的高技能劳动力继续留在城市，需要满足 $E(c_{C,C}^s) > c_{C,H}^s$，把式（2.25）和式（2.26）代入化简得到 $\dfrac{V}{2} \geq \tau N$，把式（2.27）代入得到

$$\bar{\beta} - \underline{\beta} \geq 3\tau N \tag{2.29}$$

式（2.28）意味着学习的概率 $f(N^S)$ 乘以从学习中获得的收益 $(\bar{\beta} - \underline{\beta} - \tau N)$，一定大于等于在城市居住的成本 τN。式（2.29）意味着对高技能的老年人来说，从传授技能中获得的收益必须大于等于在城市生活的成本。可见，只有高技能劳动力和低技能劳动力的生产率差异 $\bar{\beta} - \underline{\beta}$ 足够大，才能满足这两个条件。

上述模型建立在两个假设上：第一，只有在城市才能获得技能的提升；第二，学习（技能提升）的可能性取决于劳动力市场中高技能劳动力的数量。城市规模越大，每一时期高技能和低技能劳动力互动的程度越高，知识和技能的传播越广泛（Glaeser，1999）。

三、劳动力市场极化理论

劳动力市场极化包括就业极化和工资极化。就业极化是指随着科学技术的不断进步，中等技能职业就业比重逐年降低、低技能职业和高技能职业就业比重有所增加的现象。劳动力市场极化不仅反映在不同技能职业就业比重上，也反映在不同技能职业工资增长率的差异上。随着信息技术的发展，中等技能职业工资增长缓慢、低技能和高技能职业工资增长较快的现象称为工资极化。

劳动力市场极化出现的原因可归结为非中性的技术进步和国际外包。非中性的技术进步是指以信息技术为代表的科技进步对常规的生产性工作或常规服务形成替代，如重复性生产和机器操作等，这些常规工作主要由中等技能的劳动者从事。另外，信息技术的发展既提高了高技能从业者的生产效率，也增加了社会对高技能专业人才的需求，这是由信息技术与高技能专业技术人员和管理人员的互补关系所决定的。信息技术与低技能服务工作既不是替代关系，也不是互补关系，但Autor和Dorn（2013）证明当计算机资本对常规劳动投入的生产替代弹性大于商品与服务的消费替代弹性时，计算机资本价格的下降最终会提高低技能服务的需求和工资水平，形成劳动力市场极化。国际外包也是劳动力市场极化的一个原因。为追求更高的利润所得，欧美发达国家部分企业把一部分生产和服务环节转移到海外，这些被转移出去的环节的特点是不需要与客户面对面接触，也不需要固定的工作场所，如客服等。但低技能服务是无法实现外包的，理发及餐饮服务需要面对面服务于顾客，被外包出去的主要是中等技能劳动力较为集中的、可重复的常规工作。Autor和Dorn（2013）使用美国数据实证表明，劳动力市场极化主要是信息技术对常规工作的替代起主要作用，国际外包的作用较小。

了解劳动力市场极化的概念和产生的原因后，下文介绍Cortes（2016）关于劳动力市场极化的理论模型。假定劳动力市场上有无穷多的劳动者，其技能水平连续分布。市场信息是充分的，劳动者根据自身比较优势在三类职业中选择，即非常规体力（M）、常规（R）和非常规认知（C）职业。令 z 表示个体劳动者技能水平，z 的累积分布函数为 $G(z)$，并且 $z \in [z_{\min},$ $z_{\max}]$。$\varphi_j(z)$ 表示技能水平为 z 的劳动者在 j 职业的生产力，其中 $j \in \{M,R,C\}$。高技能劳动力在所有职业均具有最高的生产力，但在最复杂的工作中比较优势最明显，因此满足

$$0 < \frac{\mathrm{dln}\varphi_M(z)}{\mathrm{d}z} < \frac{\mathrm{dln}\varphi_R(z)}{\mathrm{d}z} < \frac{\mathrm{dln}\varphi_C(z)}{\mathrm{d}z} \tag{2.30}$$

假定对任意 $j \in \{M,R,C\}$，都有 $\varphi_j(z_{\min}) = 1$。家庭效用函数定义为

$$U(Y_1,Y_2) = (1 - \beta)\ln Y_1 + \beta Y_2 \tag{2.31}$$

式中，$0 < \beta < 1$，Y_1 和 Y_2 为消费者消费的两种消费品。非常规体力劳动生产 Y_1[①]，$Y_1 = L_M$。其中，L_M 表示非常规体力劳动的所有投入。Y_2 需要常规任务和非常规认知任务的结合生产，常规任务可由常规劳动力或资本（主要是机器和计算机）提供，非常规认知任务只能由劳动力提供。Y_2 的生产函数设定为

$$Y_2 = \left[(\kappa_R L_R)^{\frac{\sigma-1}{\sigma}} + L_C^{\frac{\sigma-1}{\sigma}} \right]^{\frac{\sigma}{\sigma-1}} \tag{2.32}$$

式中，L_R 和 L_C 分别表示常规和非常规认知性劳动力总投入；σ 是常规和非常规认知性任务的替代弹性，并且假定 $\sigma \in (0,1)$；κ_R 为资本存量，其受城市规模的影响，城市规模越大，κ_R 越大。

令 λ_j 表示一个有效单位劳动投入的工资，$j \in \{M,R,C\}$。假定行业是完全竞争的，竞争的结果使工资等于劳动的边际产出。对生产 Y_1 的企业来说，令 $p_1 = 1$，于是可以得到

$$\lambda_M = 1 \tag{2.33}$$

对 Y_2 的生产来说，均衡由式（2.34）决定：

$$\frac{L_R}{L_C} = \kappa_R{}^{\sigma-1} \left(\frac{\lambda_R}{\lambda_C}\right)^{-\sigma} \tag{2.34}$$

由于 $\sigma < 1$，因此当城市规模增大时，κ_R 增加导致企业对常规任务的相对劳动需求减少。劳动力选择哪种职业取决于其在三种职业所取得的工资水平，工资由有效单位劳动投入工资 λ_j 以及总的有效劳动数量 $\varphi_j(z)$ 共同决

---

① Y_1 主要是低技能劳动力所提供的服务。

定，即

$$w_j(z) = \lambda_j\varphi_j(z) \tag{2.35}$$

最终的均衡由两个门槛 z_0 和 z_1（$z_{min} < z_0 < z_1 < z_{max}$）决定。技能最低的那部分劳动力最优的选择是进入非常规体力职业，中等技能劳动力进入常规职业，最高技能的劳动力最优的选择是进入非常规认知性职业。处于门槛边界的劳动力在门槛上下选择无差异，因此满足

$$\lambda_M\varphi_M(z_0) = \lambda_R\varphi_R(z_0) \tag{2.36}$$

$$\lambda_R\varphi_R(z_1) = \lambda_C\varphi_C(z_1) \tag{2.37}$$

由此，竞争性工资满足

$$w(z) = \begin{cases} \lambda_M\varphi_M(z), \text{如果 } z_{min} \leqslant z \leqslant z_0 \\ \lambda_R\varphi_R(z), \text{如果 } z_0 < z < z_1 \\ \lambda_C\varphi_C(z), \text{如果 } z_1 \leqslant z \leqslant z_{max} \end{cases} \tag{2.38}$$

某种职业总的劳动力需求总量取决于

$$L_M = \int_{z_{min}}^{z_0} \varphi_M(z)\,dG(z) \tag{2.39}$$

$$L_R = \int_{z_0}^{z_1} \varphi_R(z)\,dG(z) \tag{2.40}$$

$$L_C = \int_{z_1}^{z_{max}} \varphi_C(z)\,dG(z) \tag{2.41}$$

家庭收入由总的劳动收入决定，因此满足

$$I = \lambda_M L_M + \lambda_R L_R + \lambda_C L_C \tag{2.42}$$

由 Y_1 的生产函数及家庭效用函数的最优取值可得

$$L_M = (1-\beta)(\lambda_M L_M + \lambda_R L_R + \lambda_C L_C) \tag{2.43}$$

由 Y_2 的生产函数及家庭效用函数的最优取值可得

$$p_2\left[(\kappa_R L_R)^{\frac{\sigma-1}{\sigma}} + L_C^{\frac{\sigma-1}{\sigma}}\right]^{\frac{\sigma}{\sigma-1}} = \beta(\lambda_M L_M + \lambda_R L_R + \lambda_C L_C) \tag{2.44}$$

常规偏向型技术进步（RBTC）是由 κ_R 的增加引发的，κ_R 的增加改变了 z_0 和 z_1 的大小，并最终改变 L_M、L_R 和 L_C 的取值。使用式（2.34）和式（2.37）可得

$$\frac{L_R(z_0,z_1)}{L_C(z_1)} = \kappa_R^{\sigma-1}\left[\frac{\varphi_R(z_1)}{\varphi_C(z_1)}\right]^{\sigma} \tag{2.45}$$

联立式（2.33）、式（2.36）、式（2.37）及式（2.43）得到

$$L_M(z_0) = \left(\frac{1-\beta}{\beta}\right)\left[\frac{\varphi_M(z_0)}{\varphi_R(z_0)}\right]\left[L_R(z_0,z_1) + \frac{\varphi_R(z_1)}{\varphi_C(z_1)}L_C(z_1)\right] \quad (2.46)$$

对式（2.45）和式（2.46）两边取对数，得到

$$\ln L_R(z_0,z_1) - \ln L_C(z_1) - \sigma\ln\alpha_1(z_1) = (\sigma-1)\ln\kappa_R \quad (2.47)$$

$$\ln L_M(z_0) - \ln\alpha_0(z_0) - \ln[L_R(z_0,z_1) + \alpha_1(z_1)L_C(z_1)] = \ln\left(\frac{1-\beta}{\beta}\right)$$

$$(2.48)$$

式中，$\alpha_0(z_0) \equiv \varphi_M(z_0)/\varphi_R(z_0)$，$\alpha_1(z_1) \equiv \varphi_R(z_1)/\varphi_C(z_1)$。对式（2.47）和式（2.48）两边取全微分，得到

$$\begin{bmatrix} \dfrac{\varphi_R(z_0)g(z_0)}{L_R(z_0,z_1)} & -g(z_1)\left(\dfrac{\varphi_R(z_1)}{L_R(z_0,z_1)} + \dfrac{\varphi_C(z_1)}{L_C(z_1)}\right) + \dfrac{\sigma\alpha'_1(z_1)}{\alpha_1(z_1)} \\ g(z_0)\left(\dfrac{\varphi_M(z_0)}{L_M(z_0)} + \dfrac{\varphi_R(z_0)}{L_R(z_0,z_1) + \alpha_1(z_1)L_C(z_1)}\right) - \dfrac{\alpha'_0(z_0)}{\alpha_0(z_0)} & -\alpha'_1(z_1)\left(\dfrac{L_C(z_1)}{L_R(z_0,z_1) + \alpha_1(z_1)L_C(z_1)}\right) \end{bmatrix}$$

$$\begin{bmatrix} \mathrm{d}z_0 \\ \mathrm{d}z_1 \end{bmatrix} = \begin{bmatrix} -(\sigma-1) \\ 0 \end{bmatrix}\mathrm{d}\ln\kappa_R \quad (2.49)$$

一般均衡条件下，对 z_0 和 z_1 两边分别求 $\mathrm{d}\ln\kappa_R$ 的一阶导数，得到式（2.50）和式（2.51）。

$$\frac{\mathrm{d}z_0}{\mathrm{d}\ln\kappa_R} = \frac{1}{\Delta}(\sigma-1)\alpha'_1(z_1)\left(\frac{L_C(z_1)}{L_R(z_0,z_1) + \alpha_1(z_1)L_C(z_1)}\right) > 0 \quad (2.50)$$

$$\frac{\mathrm{d}z_1}{\mathrm{d}\ln\kappa_R} = \frac{1}{\Delta}(\sigma-1)\left[g(z_0)\left(\frac{\varphi_M(z_0)}{L_M(z_0)} + \frac{\varphi_R(z_0)}{L_R(z_0,z_1) + \alpha_1(z_1)L_C(z_1)}\right) - \frac{\alpha'_0(z_0)}{\alpha_0(z_0)}\right] < 0$$

$$(2.51)$$

式中，Δ 表示式（2.49）等号左边矩阵的行列式，由此可推论：当城市规模增大时，资本存量 κ_R 增加，技能临界点由（z_0，z_1）变为（z'_0，z'_1），城市规模的改变使技能水平位于 (z_0, z'_0) 的低技能常规工作的劳动者转向非常规体力劳动，技能水平位于 (z'_1, z_1) 的高技能常规工作的劳动者转向非常规认知职业。

图 2.1 显示了均衡时的技能、三种职业选择及其对应的工资间的关系。技能低于 z_0 的劳动者最优的职业选择为非常规体力职业，技能介于 (z_0, z_1) 的劳动者选择常规性职业，技能高于 z_1 的劳动者选择进入非常规认知性职业。根据式（2.50）和式（2.51），城市规模的扩张提高了 z_0，减小了 z_1，最终均衡的结果介于 (z_0, z_1) 的常规性工作减少，低技能的非常规体力职业

和高技能的非常规认知性职业增加，形成劳动力市场极化。

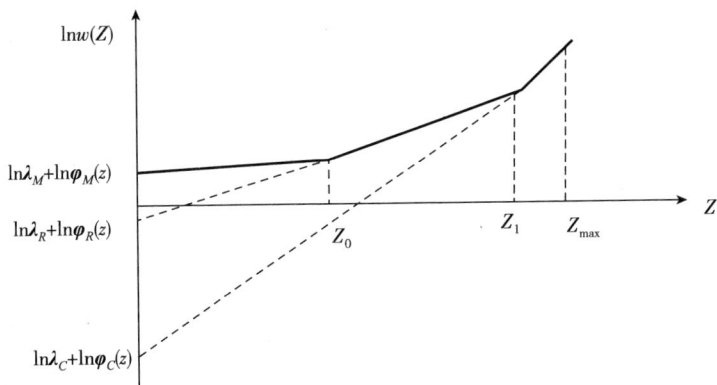

$\ln w(Z)$

$\ln\lambda_M + \ln\varphi_M(z)$

$\ln\lambda_R + \ln\varphi_R(z)$

Z_0　　Z_1　$Z_{\max}$　Z

$\ln\lambda_C + \ln\varphi_C(z)$

资料来源：Cortes（2016）。

图 2.1　均衡时技能、职业选择和工资

无论是哈里斯—托达罗模型还是城市生活成本模型，都强调农村剩余劳动力向城市转移的均衡决定了最佳的城市规模。城市规模反过来影响个体农村剩余劳动力的就业和收入，则可从厚劳动力市场、人力资本外部性及劳动力市场极化的理论分析中得到相应启示。对广大农民工来说，大城市的就业和收入优势有利于他们在大城市市民化吗？弄清城市规模与农民工市民化意愿和能力之间的关系，需从梳理农民工市民化问题的相关文献入手。

第二节　农民工市民化问题相关文献述评

发展中国家人口从农村向城市迁移的历程包含"农村人口城镇化"和"农业剩余劳动力非农化"两个同时进行的过程，但中国的情况比较特殊，农村剩余劳动力向城镇转移的过程早已实现，农村人口城镇化身份的转变还在进行之中。全国大大小小的城市涌入了大量从事城市第二和第三产业但身份还不是市民的农民工群体。农民工是中国特有的群体，这缘于城乡分割的二元户籍制度，对农民工市民化的研究也是中国特有的研究领域。本节从农民工市民化意愿和市民化能力两个方面开展文献整理和评述，这契合了本书的研究主旨。

一、农民工市民化意愿研究

改革开放以来，越来越多的农村剩余劳动力进入城市从事非农行业的工作，但依然有众多没有实现从村民到市民转换的农民工。由于没有城镇户籍，享受不到城镇户籍所附带的各项社会福利，很多农民工仍处于城市边缘或城市底层，处于"半城市化"状态。当前政府主导的城镇化和市民化过程，其实质是政府帮助农民工在城镇实现稳定就业并给予农民工当地户籍，使其受到城镇社会保障体系的保障，这个过程要与农民工自身意愿一致。如果农民工不愿意在城市长期居住，也不想在城市落户，那么城镇化政策就难以奏效，因此研究农民工市民化意愿具有重要意义。已有文献主要把城市定居意愿和户籍迁移意愿作为市民化意愿的体现，本章对市民化意愿文献的评述也是从这两个方面展开的。

（一）城市定居意愿

1. 农民工定居意愿的衡量

1986 年中国社会科学院在全国 74 个城市开展了流动人口调查，发现约 20% 的城市流动人口都是在最近半年内进入所在城市的（Goldstein 和 Goldstein，1992）。Zhu（2003）在福州市调查了 112 名在外资工厂务工的农民工，发现只有 13.4% 的受访者表示愿意长期待在本地，49.1% 的受访者表示等挣完钱之后会返回家乡，26.8% 的受访者表示会去其他城市继续务工，另有 10.7% 的受访者表示还没有想好。另外一项在福建省 5 个城市进行的调查发现，在 243 名有效受访者中，愿意在流入地长期居住的约占受访者的 20.6%（Zhu，2007）。Gu 和 Ma（2013）在深圳市调查了 626 名农民工，45.7% 的受访者表示愿意在深圳长期居住，50% 的受访者表示不会在深圳定居，另外 4.3% 的受访者表示目前还没有考虑这个问题。以上研究都是基于某一地区（城市）的调查数据，不具有全国代表性，使用全国农民工调查数据研究定居意愿的文献可见王静（2017）的研究，其采用 2012 年流动人口动态监测数据计算出打算在流入地居住 5 年以上的农民工占总样本的 54.09%。

一些研究重点关注新生代农民工，以便与早期农民工纵向对比分析。Li（2006）指出，与早期农民工在城市和农村之间循环流动不同，新生代农民工城市定居意愿更强。Yue 等（2010）把新生代农民工定居意愿提高的原因归结为经济发展增强了城市的吸引力以及农民工在城市所获得的福利水平的稳步提高。

2. 农民工定居意愿的影响因素

纵览相关文献，影响农民工定居意愿的客观因素大致可分为如下几类：（1）制度因素。许多学者认为户籍制度是影响农民工定居意愿的最主要因素，没有当地城镇户口，农民工无法同当地城镇居民一样享受同等的社会公共服务（Solinger，1999；Fan，2002）。Zhu（2007）进一步指出，户籍对农民工定居意愿的影响主要在于"户籍壁垒"制约了农民工在城市就业的稳定性、进入收入较高职业的可能性以及存在较高的移居风险。（2）个体特征。Zhu 和 Chen（2010）研究发现，女性比男性、年轻的比年纪大的、未婚的比已婚的、教育水平较高的比教育水平低的农民工定居意愿高。续田曾（2010）对北京市外来农民工定居意愿进行了调查研究，使用递归Probit 解决潜在的内生性问题后，发现北京市农民工定居意愿是同教育水平相关的正向选择过程，教育年限每增加 1 年，定居意愿提高 3%，但社会资本对农民工定居意愿没有显著影响。（3）就业特征。Zhu 和 Chen（2010）基于 2002 年和 2006 年在福建省进行的两次调查研究了农民工定居意愿的影响因素，研究表明家庭收入较高、签订长期劳动合同、较好的居住条件能够显著提高农民工定居意愿。戚迪明和张广胜（2012）在沈阳市开展农民工问卷调查，重点研究了职业稳定性和职业流动对农民工定居意愿的影响。研究结果表明，职业稳定性越高，农民工定居意愿越强，而职业流动无论是流动率（流动频率/务工时间）还是流动类型都不影响定居意愿。蔚志新（2013）对北京、郑州、成都、苏州和中山五市农民工定居意愿的研究发现，相比制造业从业者，批发零售业从业者具有更高的定居意愿。（4）流入地和流出地特征。流入地方面，Tang 和 Feng（2012）基于江苏省农民工调查数据发现，除南京、苏州等省内大城市定居意愿最高之外，流入到小城镇的农民工定居意愿高于省内中等城市，并且流入小城镇的农民工更倾向于转移城镇户籍。Tang 和 Feng（2012）的研究结论与 Zhu 和 Chen（2010）对福建省的研究存在差异，后者的回归结果表明，农民工在大城市的定居意愿高于小城市。王伟等（2016）研究了新生代农民工在长三角地区三、四线城市定居意愿的影响因素，研究表明城市产业结构对新生代农民工的定居意愿具有显著影响。尽管处于经济相对发达的长三角地区，但江苏和浙江一带的中小城市服务业在国民经济中占比并不高，削弱了新生代农民工的中小城市定居意愿。流出地特征也会影响城市定居意愿，如 Hao 和 Tang（2015）指出，在老家拥有耕地以及房屋显著影响农民工的城市定居意愿和户籍迁移意愿。

除以上客观因素之外，有些文献也关注了影响农民工定居意愿的主观因素，如城镇亲近度或归属感以及子女教育期望等。Gu 和 Ma（2013）发现定居意愿与农民工对自身在城市所处环境的态度正相关。钱龙和钱文荣（2015）分析了空间维度、时间维度和心理维度的城镇亲近度对新生代农民工留城定居意愿的影响。研究表明，老家离中心城市越近（衡量空间维度的城镇亲近度）、在城市没有遭受过歧视（衡量心理维度的城镇亲近度）的农民工留城意愿强，在城市居住年限（衡量时间维度的城镇亲近度）并不影响定居意愿。王玉君（2013）基于 12 个城市 1953 名农民工调查数据，使用结构方程模型区分了社会网络、受歧视经历、掌握方言的熟练程度等因素对农民工定居意愿的直接影响以及通过城市归属感带来的间接影响。汪润泉（2016）使用 2013 年上海、广州、天津、武汉、成都、哈尔滨和兰州七市外来人口调查数据，研究了农民工子女教育期望与城市定居意愿的关系。研究表明，子女教育动机对农民工的城市定居意愿具有很强的解释力，子女教育期望不但直接提高了农民工的城市定居意愿，并且能够缓解城市排斥对农民工定居意愿的弱化作用。

以上研究对我们理解农民工市民化意愿有很大帮助，但现有文献较少涉及城市规模与定居意愿的关系，也没有考虑内生性对估计的影响。本书使用城市历史人口数据作为城市规模的工具变量，采用 Ivprobit 估计城市规模对农民工定居意愿的影响，尽量做到回归结果准确可靠。另外，中国各区域发展水平存在很大差距，研究城市规模对农民工定居意愿的影响还应考虑区域间的异质性以及不同技能农民工的异质性。本书实证部分对地区、城市群和技能的异质性分别进行了考察。研究农民工主观市民化意愿，除了定居意愿，还应考虑户籍迁移意愿，在当前户籍制度下，市民化最直接的形式是户籍的迁移。

（二）户籍迁移意愿

农民工在城市长期居住，成为城市常住人口，还不是完整意义上的城市居民，只有把户籍迁入所在城市并在经济、文化等方面融入城市才实现了市民化。城市定居意愿是市民化的"常住意愿"，户籍迁移意愿则是市民化的"身份转换意愿"，两者代表了市民化意愿的不同层次，分析户籍迁移意愿需从认识户籍制度入手。户籍制度是中国特有的人口管理制度，有着悠久的历史。从商朝的"登人"到汉代的"编户齐民"、宋代的"保甲制"直到民国时期的"国民身份证制度"，历朝历代都非常重视户籍的登记管理。中华人民共和国成立后，为适应新形势，逐渐发展出城乡分割的二元户籍制度。但随着社会的发展，城乡二元户籍制度的长期存在造成了城市居民和农村居民在就业、医疗、教育等方面的福利差异，尽管改革开放之后劳动力流动的限制逐步消除，但大量没有城镇户籍的农民工群体依然在城市处于弱势地位。

1. 户籍引致的就业和福利差异

20 世纪 50 年代，中国确立了旨在限制人口流动的户籍制度并影响至今。到了 20 世纪 90 年代，城市的很多福利待遇还跟户籍相连，如粮食配给、福利分房、城镇就业、上学和医疗等。尽管在城市生活多年，但由于没有当地城镇户籍，农民工无法与户籍居民享有同等的福利待遇（Chan 和 Zhang，1999；Wang 和 Zuo，1999；Deng 和 Gustafsson，2006；Chan 和 Buckingham，2008；Zhang，2010）。自 1997 年开始，户籍管理由中央下放到地方政府，各地逐步放开对城镇落户的限制。尽管如此，农民工在城镇医疗、社会保障、住房及子女教育等方面依然受到很多限制（Chan 和 Zhang，1999；Lu 和 Song，2006；Chan 和 Buckingham，2008；Zhang，2010）。

户籍制度限制造成了农民工往往在次级劳动力市场寻求就业，难以进入收入较高的一级劳动力市场（Knight 等，1999；Meng，2001；Appleton 等，2004；Démurger 等，2009）。除存在职业准入限制外，农民工在城市就业市场上的劣势地位还表现在如下三个方面：第一，同工不同酬。Meng 和 Zhang（2001）对城市居民与农民工收入进行分解，发现职业内差距占很大比重，表明哪怕处于同一职业，农民工依然只能得到较低的工资。第二，工作环境差。研究发现，农民工工作时间更长，工作条件更差（Knight 等，1999；Giulietti 等，2012；Meng，2012）。第三，职业流动性低。Zhang（2010）在北京、无锡和珠海三地农民工调查数据基础上发现，农民工职业流动性比城市居民和已经转为城镇户籍的永久移民都要低，主要原因是制度不平等减少了可供农民工选择的职业种类，增加了其工作搜寻成本和失业成本，因此只有在一个城市待上一段时间并积累了足够的生存资本之后，农民工才会换工作。

实证研究表明，把户籍迁入务工城市，农民工整体福利状况将会提高。Akgüç 等（2014）使用准自然实验方法比较了已转换户籍的失地农民与农民工在劳动力市场中表现，发现无论是工资水平还是工作条件，已转换户籍的失地农民都优于农民工。

2. 农民工落户意愿的城市间差异

前文主要分析城镇户籍附带的各项福利以及城镇劳动力市场上户籍所引致的结果差异。农村户籍处于劣势地位，是不是意味着农民或者农民工城镇落户的意愿很高？正如 Chan（2012）所言，"只要全面放开户籍限制，农民将积极转为城镇户籍"。但这一说法与实际状况并不相符，一些已经放松落户限制的中小城市并没有出现大批户籍迁入者。尽管我国当前实行了户籍制度改革，全国范围内取消了城乡户籍，统一改为居民户籍，但农民工在城市落户的积极性并不高（Fan，2007），不同规模城市的户籍迁入意愿存在明显差异。纵观已有文献，户籍迁移意愿与流入地城市规模表现出如下两个特征。

第一，整体户籍迁移意愿不高。林李月和朱宇（2016）基于2012年流动人口动态监测数据，对中国地级以上城市流动人口迁移意愿进行了研究，发现全国276个地级以上城市流动人口打算把户口迁入流入地的不足四成。也有研究使用某一省市或地区数据，但得出的结论基本类似。如 Tyner 和 Ren（2016）使用广东省2006—2009年农民工数据以及 RUMIC 2008年数据，研究了农民工城市落户意愿的影响因素，发现农民工城市落户意愿并不强，主要原因在于农村地区土地权利以及农村户籍所附带的预期收益对城镇户籍转换形成阻碍，来自经济发达地区的农民工转移城镇户籍的可能性更低。胡陈冲等（2011）对福建省7个地级市流动人口户籍迁移意愿的研究发现，愿意迁移户口的占38.6%，与林李月和朱宇（2016）对全国整体落户意愿的结果近似。

第二，大城市偏向明显，小城镇吸引力不足。实证研究发现，不同规模城市的农民工户籍迁移意愿存在明显差异。直辖市和计划单列市流动人口户籍迁移意愿均超过了60%，副省级城市约为53.77%，普通省会城市户籍迁移意愿为42.33%，大城市偏向明显（林李月和朱宇，2016）。张鹏等（2014）使用2011年国家卫生与健康委员会在广东、浙江、江苏和上海的流动人口调查数据，考察了外来人口幸福感和社会融合对城市落户意愿的影响，实证结果证实了幸福感和社会融合对流动人口城市落户意愿的促进作用，其中上海市的落户意愿明显高于其他三地。胡陈冲等（2011）对福建省七市的研究发现，福州和厦门两市的迁移意愿远远超过平均水平，达到50.4%，其余五市则在30%左右。樊佩佩（2016）使用江苏省社科院2014年在全国18个省份的农业转移人口调研数据，研究了迁户意愿的外部与个体影响因素。数据表明，农业转移人口落户意愿主要集中在大城市，如省会城市和经济发展较好的地级市，有迁移意愿的约占40%，县级市迁移意愿只有10%左右，迁户意愿的大城市偏好明显。蔡禾和王进（2007）基于2006年广东省9个城市农民工调研数据，研究了农民工永久迁移情况。约有40%的受访者表示愿意把户口迁入打工城市，并且城市间存在差异，在深圳和珠海打工的农民工迁户意愿最强，其次是广州，最后是其余6个城市，但他们并没有分析其中的原因。张翼（2011）使用4个直辖市、27个省会城市、5个计划单列市、46个地级市和24个县级市共计122800份调查问卷研究了农民工进城落户意愿的高低，发现只有11%左右的农民工愿意交回承包地实现市民化，但这些农民工愿意落户的地区集中在省会或其他类型大城市，中小城镇的占比明显较小。规模小的城市经济发展水平较低，对流动人口吸引力不足，户籍迁入意愿自然较低。王有正等（2016）对成都近郊小城镇半城镇化人群落户意愿进行了问卷调查，发现落户的整体意愿较低，还不到35%，主要制约因素是城镇住房价格过高以及对农村资产的牵挂。

以上研究表明，城市规模影响户籍迁入意愿，但现有文献没有考虑城市规模内生性问题，本书使用现代计量经济学方法解决内生性对估计结果可信性造成的影响。城市规模影响户籍迁入意愿还要考虑不同区域、不同技能农民工的异质性，本书都将一一进行分析。农民工市民化意愿与市民化能力紧密相关，个体农民工市民化行为受到市民化能力的制约，只有意愿和能力相匹配才能顺利实现市民化，故研究农民工市民化能力是本书又一重要内容。

二、农民工市民化能力研究

研究农民工市民化意愿的文献较多，而学术界对市民化能力的关注还远远不够，原因在于市民化能力不易衡量。能力本身不可直接观测，往往通过对农民工在劳动力市场的表现如职业分布、收入状况来衡量，而使用教育程度作为能力的代理变量也存在诸多问题，例如无法识别认知能力和非认知能力对农民工的具体影响，对农民工市民化能力的分析同样难以做到客观、翔实。尽管市民化能力不易直接测量，但是收入更高和在城市拥有住房的农民工更容易在流入地实现市民化，因此本书对市民化能力的分析主要基于这两个方面。

收入是市民化能力最主要的体现。不同规模城市存在明显的收入差异，大城市名义工资高，居住成本也高，户籍限制更加严格，这些都会影响农民工在大城市的市民化能力。踪家峰和周亮（2015）使用 CHIP 2002 年的数据研究了大城市的工资溢价，并且把不同技能的劳动力进行了比较。研究发现，短期内高技能劳动力更容易从城市集聚中获得较高的工资水平，这缘于高技能劳动力的增长效应高于低技能劳动力，但长期来看，低技能劳动力在大城市的工资溢价幅度超过高技能劳动力。踪家峰和周亮（2015）虽然对城市劳动力按技能进行了分类，但并不是以城市农民工为研究对象。王建国和李实（2015）使用 2011 年和 2012 年的流动人口动态监测数据，发现综合考虑城市间工资、生活成本和便利性差异，农民工在大城市依然获得较高的实际工资或较高的效用水平，由此得出当前控制大城市人口聚集的政策违反人口发展规律这一结论。尽管王建国和李实（2015）数据样本量很大，包含 123 个城市 56780 个农民工样本，但是样本剔除了自我经营者，只包括工资工作者，使研究结果只反映受雇农民工状况。如果包括自我经营者，农民工在大城市获得的实际收入是否更高？自我经营者也会受到城市规模的影响，大中小城市对自我经营者的限制不同，自我经营者在不同规模城市获得的收入可能也会有差异。虽然大部分研究者得出大城市具有更高工资的结论，但也有学者对此提出了异议。宁光杰（2014）研究发现，单纯从农民工收入看，大城市的工资并不高。不过，宁光杰（2014）的数据来自 RUMIC 2008，只包含了上海、杭州、宁波、广州、深圳、东莞、南京、无锡、武汉、合肥、蚌埠、郑州、洛阳、成都、重庆 15 个城市的农民工数据。城市选择不具有全国代表性，小城市代表性不足，因此研究结论不能推广到全国范围。

市民化能力也可用城市自有产权住房情况衡量。从对农民工市民化意愿的分析中我们了解到，农民工转移户口的积极性并不高，也并不是所有的农民工都愿意在城市定居。在有些农民工眼里，城市是其就业并获得收入的地方，最终还是要返回家乡。在城市拥有自有产权住房的农民工则不同，在城市拥有自有产权住房代表了更高的市民化能力。除拥有更好的生活条件之外，在城市拥有自有产权住房的目的之一是希望子女能够接受更好的教育。在中国很多城市，教育与住宅产权联系在一起，只有拥有城市住宅产权并在当地落户才能享受城市提供的优质教育，即使在实行积分落户的地区，购买商品房也有利于在城市落户。Huang 等（2014）对江苏省几个中小城市农村流动人口的住房拥有情况进行了研究，发现户主年龄越大、受教育水平越高、收入越高、家庭人口越多，越倾向于购买商品房。Fang 和 Zhang（2016）使用中国社科院 2009 年在上海、沈阳、西安、武汉、福州和广州的流动人口调查数据对流动人口的住房情况进行了研究，发现城市人口规模越大，流动人口越倾向于购买商品房，但回归中没有考虑房价和限购政策的影响。以北上广为代表的中国大城市房价远远超过普通百姓的承受能力，更何况收入水平更低的农民工群体，因此可以预期的是，在这些城市农民工住房自有率比较低。在小城镇，尽管房屋售价较低，但小城镇收入也低，农民工在小城镇的就业收入是否足以负担起当地购房的支出？城市规模与农民工住房自有状况到底是怎样一种关系？这些问题的解答尚需要深入的实证研究。

除收入和住房条件外，一些文献赋予了市民化能力更宽泛的概念，包括了社会、政治和文化内涵。李练军（2015）对新生代农民工融入中小城镇的市民化能力的研究中，把市民化能力分为土地退出补偿能力、城市就业能力和城市融入能力，其中城市融入能力包括社会接纳、交往对象和社区参与等。鲁强和徐翔（2016）对市民化能力的界定除了收入、消费水平和社会保障，还包括农民工的政治参与，把参加居委会（或村委会）选举作为农民工市民化能力的体现。也有文献强调农民工对流入地当地语言的掌握情况并将其作为农民工市民化能力的表现（张斐，2011）。

市民化能力研究的另外一个角度是对已经实现户籍转换的群体进行研

究，分析其群体差异以及转换户籍后的劳动力市场表现，从侧面反映其市民化能力高低。例如，有些研究比较了市民化的性别差异。一些文献认为，男性比女性更容易获得城市户口（Huang，2001；Liu，2005；Wu 和Treiman，2007）。由于传统的男孩偏好，父母对女儿的教育投资一般小于对儿子的投资，并且在劳动力市场上性别歧视广泛存在，因此与农村男性相比，农村女性更难进入城市国有部门就业，更难通过接受高等教育以及参军获得城市户籍。但也有学者得出不一致的结论，如 Xiang（2015）采用2008 年中国社会综合调查（CGSS）数据实证表明农村女性并不比农村男性更难转换城市户籍，原因是农村女性更愿意通过与城市男性结婚而在城市落户，婚姻市场挤压使年龄较大、收入较低以及身体患有疾病的城市男性往往只能与来自农村的女性结成夫妻，由此婚配成为农村女性一条重要的户籍转换路径。Hu 等（2011）采用2006 年 CGSS 数据研究了实现城镇落户的永久居民在劳动力市场中的表现。与在城市工作的农民工相比，转换为城镇户籍的原有农村居民具有更高的就业稳定性和更高的收入水平，但研究者也注意到大部分户籍转换是在本省实现的，并且只有 20% 的户籍转换发生在省会或地级城市，样本中甚至没有一例农民工在大城市实现落户，因为大城市的落户限制依然十分严格。

到底是大城市还是小城市更容易实现市民化？不同规模城市的市民化能力孰高孰低？这涉及城镇化建设的两种路径即大城市路径和小城镇路径，这在城镇化研究领域一直存有争论。持大城市路径观点的学者认为大城市集聚效应明显，劳动力需求旺盛，未来大城市及城市群的发展是中国城市建设的主要方向，因此农民工应向大城市转移（王小鲁和夏小林，1999；王小鲁，2010；陆铭等，2012；等等）。持小城镇路径观点的学者认为，小城镇生活成本低、社会排斥少，农民工更容易实现市民化，因此政府应该引导人口向中小城镇转移，实现就近市民化（温铁军，2000；沈坤荣和唐文健，2006；等等）。本书认为，一方面，城市规模与农民工市民化能力之间的关系还需要进一步实证检验，尤其要注意内生性对估计结果的影响；另一方面，我们需要分析城市规模影响农民工市民化区域以及农民工技能的异质性。

第三节　相关研究对本书的启示

无论是在理论层面还是实证层面，农民工市民化意愿都得到了学术界的广泛关注，并且集中于市民化影响因素的研究，较少关注城市规模与市民化意愿的关联。笔者认为，无论是定居意愿还是户籍迁移意愿，都与农民工务工城市的规模有关。大城市就业机会多、预期收入高，拥有更优质的教育、医疗、文化等公共资源，但另一方面，居住成本高，政府对大城市人口的管制也更为严格，目前无法确定城市规模与农民工市民化意愿的确定性关系。另外，遗漏变量所导致的估计偏误也需要重点关注，进入大城市和小城镇的农民工在能力、进取精神等方面可能存在差异，需要用计量方法予以缓解，这在现有的市民化意愿相关文献中大多被忽视掉，本书将解决城市规模内生性所造成的估计偏误。

与对市民化意愿的研究不同，专门针对农民工市民化能力的研究较少，主要原因在于能力不可观测和度量，只能找相近的代理变量。绝对收入差距与相对贫困构成农村劳动力迁移的原因（蔡昉和都阳，2002），农民工实现市民化主要依靠自身能力和收入水平的提高，因此结合已有文献，本书拟以农民工与城镇居民平均工资之比作为市民化能力的指标，研究城市规模与市民化能力之间的关系，同时考虑住房自有，作为对市民化能力衡量的补充。与市民化意愿类似，城市规模影响市民化能力的高低。农民工在大城市更加难以市民化，这本来是大家都基本认可的事实，但这涉及户籍制度对农民工在大城市就业和落户的限制。如果取消户籍限制，单纯靠市场对人口流动和就业的调节，农民工的大城市市民化能力还会更低吗？如果大城市市民化能力低，为什么大城市依然受到农民工的青睐？本书将试图对这些问题予以解答。

通过第一节对农村剩余劳动力转移理论、城市集聚理论和劳动力市场极化理论的介绍，本书认为城市规模影响农民工市民化意愿和能力可能存在三个机制，即厚劳动力市场、人力资本外部性和劳动力市场极化。厚劳动力市场和人力资本外部性源于集聚理论，分别与"匹配"和"学习"相对应，劳动力市场极化则来自极化理论。城市规模将从厚劳动市场、人力资本外部性及劳动力市场极化三个层面影响农民工市民化。其中，厚劳动力市场和人力资本外部性是微观机制，劳动力市场极化是宏观机制。厚劳动力市场理论认为，劳动力供求数量的增加提高了就业匹配的效率。该理论的基本内涵是大城市聚集了大量雇主和求职者，求职者可以更容易找到与其技能相匹配的工作，雇主也能以相对较低的成本雇用到与其所提供职位技能相匹配的员工，由此大城市就业市场的搜寻和匹配成本低于小城镇。厚劳动力市场优势体现在两个方面：更容易实现匹配以及较低的匹配风险。但低技能的农民工是否也能从厚劳动力市场中受益？这对于我们准确研究城市规模与就业匹配的关系至关重要，同时涉及选择偏误问题。人力资本外部性是指城市中不同技能劳动力聚集在一起通过学习互动，经过知识生成、扩散和累积的过程，提高各自生产效率和收入水平。人们普遍认为，高技能劳动力的人力资本外部性较大，低技能劳动力也能在与高技能劳动力生产中的互补关系中受益。尽管人力资本外部性得到了一些研究的证实，但目前还没有形成统一的观点。有些研究认为外部性效应很大，也有研究表明外部性不存在或效应很小，这与研究群体的异质性有关，不同技能、不同职业、不同群体的劳动力受人力资本外部性的影响存在很大差异。大城市的人力资本外部性更高吗？农民工在大城市更容易从人力资本外部性中受益吗？这些问题的解答都需要深入的实证研究以阐明其中的机理。现有文献对中国劳动力市场极化的研究较少，也没有涉及不同城市规模就业极化的差异，如果不同规模城市科技应用水平的差异造成劳动力市场极化程度不同，不同技能职业在不同规模城市的需求就会存在差异，例如低技能服务业以及高技能创新性职业在大城市更有发展潜力，在大城市从事商业服务类职业的农民工因此受益，有利于其实现市民化。中小城市劳动力市场极化不明显，市民化意愿和能力不会表现出明显的职业差异。

我们认为，城市规模影响农民工市民化意愿和能力，并猜测城市规模可能通过厚劳动力市场、人力资本外部性和劳动力市场极化对农民工市民化产生影响，上述假说是否成立尚需要实证检验。但在分析和解决问题之前，有必要先了解问题是如何产生和发展的。因此，在实证章节之前，第三章首先介绍户籍制度与中国农民工市民化问题产生与发展的过程。

第三章　户籍制度与市民化问题的产生和发展

　　本章梳理城乡户籍制度与农民工市民化问题产生和发展的历程，为后文关于城市规模与农民工市民化意愿和能力的实证研究提供历史注解。中国户籍管理制度开始于 1955 年，全国居民按照户籍所属地分为城市户口和农村户口，诸如教育、医疗、住房和就业等个人权益都与户籍紧密相关，户籍制度作为资源分配和生活质量的决定机制开始长期影响中国。在严格的户籍管控下，尽管在城市工作和生活多年，农村户籍居民在城市依然无法享受各项城镇福利。户籍登记制度建立的初衷在于限制农村人口向城市流动，以工农产品价格"剪刀差"推动工业化的起步和发展。改革开放后，城市地区越来越需要工资低廉的农村剩余劳动力，农村剩余劳动力（主要是农民工）向城市的转移才开始逐渐放开并迅猛增长，户籍制度开始松动。直到 2016 年中国全面取消了农业户口和非农业户口之分，统一为居民户口，长期以来对立的城乡二元户籍制度成为历史。尽管户口不再分农业和非农业，户籍在城乡间、地区间、大中小城市间附带的福利差异依然存在，没有城市当地户籍的农民工还是受到诸多不平等的对待，农民工市民化问题有待解决。本章按照时间顺序对户籍制度以及农民工市民化问题进行梳理，以便深入理解中国当前所面临的农民工问题，为推动城镇化发展提供更好的历史注解。

第一节　户籍制度建立与城乡
人口流动停滞阶段（1955—1978 年）

　　1955 年，中国政府开始建立户籍登记制度以控制农村人口向城市的流动，全国居民被分成农村（农业）和城镇（非农业）户口，户口与就业、物资配给、福利分房等紧密相关，严格限制了人口从农村向城市的流动。

户籍状态与家庭背景一样，是从出生就已经决定的，孩子出生时母亲的户籍状态决定了孩子的户籍：母亲为城市户籍的，孩子自动获得城市户籍；母亲如果为农村户籍，她们的孩子只有很少的机会能够转换为城市户籍。

户籍影响个人的方方面面：首先，户籍决定着就业。农村地区以生产大队为单位实行集体公社制，农民被牢牢固定在土地上。城市就业由政府统一分配，没有当地城市户籍，根本无法在城市就业。哪怕出生在城市或者在很小的时候来到城市，持有农村户籍者也无法在城市获得提供给城市户籍居民的工作岗位。其次，户籍决定着物资分配。20世纪50年代计划经济改造后，政府几乎垄断了所有物资配给，农民收获的粮食除一小部分在集体内进行分配，剩余的都被政府以较低的价格供应给城市居民。粮食等商品的收购和销售价格由政府统一制定，市场在商品供求和价格决定中不再发挥作用。

改革开放前，户籍对个人十分重要，大部分人被户籍限定在一个较小的生活范围内（户籍地）直到去世。他们很难随意迁移，无法旅行，在户籍地之外的地方找不到工作、没有接受教育的机会甚至买不到食物。计划经济年代，没有粮票，即使再有钱也买不到粮食，其他生活物品也必须有各种票证才能购买。如果一个农民进入城市，他无法获得粮食配给，不能获得政府提供的工作岗位，不能获得政府提供的住房，在城市根本无法生存。

户籍从农村的一个地方到另一个地方的转换还相对容易些，从农村到城市的户籍转换十分困难。在那个时期，每年只有1.5‰~2‰的幸运者实现了户籍转换（陆益龙，2003），但也仅限于有限的几种途径。

第一，升学。农村学生升入中专、大专或本科后会获得城市户籍。改革开放前，城市的中小学只面向城镇居民招生，中专、大专或本科的招生主要取决于考试分数，农村学生也可以报考。考上中专、大专或本科后，农村学生自动获得城镇户籍，享受城镇居民的各项福利。来自农村的初中毕业生若想获得城市户籍，面临两个选择：考中专还是考高中。升入中专立即可以转换成城市户籍，而升入高中经过三年的努力参加高考进入大学，不但可以获得城市户籍，而且还能被政府分配到更好的单位，但是升入高中的风险在于如果高考失利，考不上大学的农村高中毕业生将回到农村成为普通农民。改革开放前，高考的升学率一直很低，因此很多农村学生选择初中毕业后进行中专学习。Wu 和 Treiman（2004）所做的一项调查研究发现，一直到 1996 年，只有约 11% 的受访者（出生时为农村户籍）实现了户籍转换，其中通过升学实现户籍转换的占了一半左右。

第二，入党或参军。加入中国共产党和参军并不能保证农村居民获得城市户籍，但政治上的忠诚有助于社会等级的提高以及获取城镇户籍概率的增大。某些农村党员成为村干部后，被提拔为乡镇干部，进入干部序列，从而有利于户籍转换。普通农民难以获得党员身份，一些年轻农民通过参军改变自身的身份地位。完成部队服役后，复员军人有的被安置到城市工作，自动获得城市户籍；有的回到农村，成为村干部。因此，改革开放前，参军对农村户口居民有很强的吸引力，具有参军经历的农村居民转换户籍的概率高于普通农民。

第三，城市单位到农村招工。这种情况出现的概率很低。城市单位首先要保证本地城市居民就业，在本地城市居民招不满的情况下才会下乡招工。由于享有特权，部分农村干部家庭的孩子有更多的机会转换户籍，在农村干部的直接或间接干预下，其子女更有可能获得城市单位招工的机会而成为工人，从而实现户籍转换。既有农村户籍成员又有城市户籍成员的家庭更容易转换户籍，但孩子的户籍状态是跟随母亲的，如果家庭中只有父亲为城市户籍，其子女也很难拥有城市户籍。但当拥有城市户籍的父亲退休时，家庭中农村户籍孩子中的一个可以顶替父亲的工作而获得城市户籍。因此，如果父亲在公办单位工作，其子女更有可能转换为城镇户籍。

在严格的户籍管理制度下，大量农民被限制在土地上，无法进入城市工作，城市规模一直很小。同时，工农产品价格"剪刀差"推动了改革开放前的工业化进程。在城市如果被发现没有当地户籍，又没有相关证明，农民就会被强制关进收容站，遣返回原籍。中国严格的户籍管理制度加快了早期工业化进程，但城市化进程进展缓慢。

改革开放前，农村人口向城市的流动受到严格控制，户籍转换只在极个别情况下发生，因此这个时期城市人口增长缓慢，城市人口在总人口中的占比维持在较低水平。附录 B 列出了 1949—1978 年中国总人口、非农人口和非农人口占比。尽管总人口从 1949 年的 5.42 亿增加到 1978 年的 9.63 亿，年均增长 2%，非农人口从 1949 年的 0.94 亿增加到 1978 年的 1.52 亿，年均增长 1.7%。非农人口在总人口中的占比从 1949 年的 17.4% 增长到

1960 年的 20.7%[①]，到 1978 年又下降到 15.8%。

户籍制度把整个中国社会分成城市和农村两部分，社会福利如食物配给、全民就业、福利分房、免费医疗、退休制度等都只针对城市居民。户籍制度的存在造就了收入和生活水平悬殊的两个阶层，两个阶层间的差距不能仅仅用农业和非农部门的生产效率来解释，城市非农部门的人力资本回报也高于农村地区非农部门。

总体来看，计划经济时代，中国的发展策略是以农业为代价促进工业的发展，以消费为代价促进投资的增长。作为工业化策略的一部分，中国对城市和农村两个部门实施了不同的发展政策，城市户籍居民优先获得商品供给，享受基本福利待遇，农村居民则自谋生路。为保持这种不平衡，从农村到城市的人口流动受到严格限制。尽管 1950—1978 年保持着较高水平的工业增长率，但城镇人口增长率保持在较低的水平，造成了城镇化的严重滞后和社会的二元分割。

第二节 户籍制度调整与农民工问题产生阶段
（1978—2000 年）

1978 年党的十一届三中全会确立了中国改革开放的大方向，自此人口流动管制开始逐渐放松，户籍对个人流动的限制越来越少。最初的标志在于取消了以粮票为代表的票证，这让农民离开土地进入城市的劳动密集部门工作成为可能。早期的进城农民工主要从事纺织、建筑和家政行业。

在农村地区，1982 年 1 月第一个关于农村工作的中央一号文件提出农村实行家庭联产承包责任制，土地包干到户、包产到户，农村家庭收获的粮食除一部分向国家缴纳外，剩余部分可自由支配，在市场上公开销售不受限制，极大地提高了农民的生产积极性。农业产量逐年增加，产出效率显著提升，形成了大量农业剩余人口。同时，改革开放率先在沿海地区进行，大量外资进入中国投资办厂，对廉价劳动力的需求较大。推力和拉力的共同作用使大量内陆省份农民进入沿海省份务工。城市严格的单位配给

---

① 1960 年正处于三年自然灾害时期，这个时期农村发生了严重的灾荒，死亡率远高于城市，造成了非农人口比例的上升。

制度的弱化也为农民进城提供了社会空间。为发展第三产业，政府允许农民进城开设修鞋店、理发店、饭馆等，这些都吸引了农民进城，一些国有企业部门甚至开始倾向于雇用进城农民。企业可以不向进城农民提供住房和其他社会保障，企业雇用进城农民的福利支出远小于雇用一个城镇居民，这对企业雇用进城农民提供了激励。另外，有些收入低、劳动条件差的工作对城市居民根本就没有吸引力，进城农民填补了这部分岗位空缺。

改革开放初期，人口流动的限制逐渐取消，但农民把户籍从农村转移到城市的困难程度并没有降低。这个时期城市人口[①]增长速度逐渐提高，主要原因在于大量农村剩余劳动力进入城市。这些农村剩余劳动力在城市工作，但无法获得城市户籍，成为城市农民工。农民工并没有获得与城市居民同等的社会福利，也没有转换城市户籍的希望。这个时期的显著特点是"强户籍管制，弱人口流动管制"，政策的出发点在于吸引农民工进入城市工厂工作，而不提供市民待遇，这样可以保持足够低的工资，以吸引资本进入。中国改革开放之后长时间保持出口产品的竞争力，与"强户籍管制，弱人口流动管制"的政策密不可分。

表3.1使用三种统计口径揭示了上述不完全城镇化过程。城市户籍人口具有城市户籍，并享受政府提供的各项福利和社会保障。城镇人口属于常住人口概念，既包括城镇户籍人口也包括城市流动人口，其中一大部分是农民工。非农产出是第二和第三产业产出占GDP比重，衡量产出中的非农比例。表3.1显示出过去的几十年，中国经济已经高度工业化，非农产出占比从1955年的53.7%增加到2000年的84.9%，但2000年城镇常住人口占比还不到40%。从1955年到1978年，城镇户籍人口和城镇常住人口基本上是相同的，表明在改革开放以前没有出现大量农村剩余劳动力进城。换句话说，在改革开放以前，城镇人口与享受政府各项福利的人口是同一群体，没有享受各项福利的人口被排除在城市以外。从20世纪80年代开始，城镇户籍人口和城镇常住人口数量开始分离，到2000年两者相差约10个百分点，意味着尽管这一时期农民工被允许进入城市，城镇人口比例开始上升，但农民工并没有转换户籍，也就享受不到政府提供的各项福利[②]。

---

① 包括城市户籍人口和在城市居住一定年限的农民工。

② 政府这样做的目的在于以低成本劳动力推动工业化进程。

表 3.1　　　城镇户籍人口、城镇人口和非农产出（占全国百分比）　　单位:%

年份 \ 项目	A 城镇户籍人口	B 城镇常住人口	C 非农产出	D = A－B	E = A－C
1955	15.2	13.5	53.7	1.7	－38.5
1958	18.5	16.2	65.9	2.3	－47.4
1965	16.7	18	62.1	－1.3	－45.4
1970	15.3	17.4	64.8	－2.1	－49.5
1975	15.4	17.3	67.6	－1.9	－52.2
1978	15.8	17.9	71.8	－2.1	－56
1980	17	19.4	69.8	－2.4	－52.8
1985	20.1	23.7	71.6	－3.6	－51.5
1990	21.1	26.4	72.9	－5.3	－51.8
1995	23.8	31.7	80	－7.9	－56.2
2000	26.1	36.2	84.9	－10.1	－58.8

资料来源：Chan（2019）。

　　这一时期政府进行了一系列针对人口流动的改革，让农村剩余劳动力可以在城乡间自由迁移。如1984年颁布的居民身份证制度，加快了小城市和小城镇的发展。从1980年开始，大约有2.2亿农民工离开户籍地进入城市，他们中很少一部分人能够获得城市教育及其他公共服务。无论工作内容与城镇工人多么相似，具有农村户籍的工人还是被称作农民工，只能享受到城镇工人的部分权利，农民工很难获得城市户口，成为城市的二等公民。尽管改革开放已经进行了一段时间，一个人的户籍依然决定着其社会经济地位和发展机遇。比如，农民工的孩子不允许进入城市公办学校。直到现在，很多农民工子女也不得不跟随祖父母在当地农村接受低质量教育，成为留守儿童。

　　这一时期的政策要求农民工必须在务工城市办理暂住证。由于没有城市当地户籍，农民工在城市会遇到各种麻烦。城市外来人口需要向当地公安机关申请办理暂住证，持有暂住证的人才能在城市居住和生活。暂住证制度最初的目的在于人口控制，尤其是北京、上海等大都市，在很长一段时间内，为控制人口过快增长，实行严格的暂住证制度，没有暂住证的流动人口一经发现，就会被关进收容所，然后遣返回原籍。尽管存在诸多弊端，但暂住证制度的出现标志着农民工在城市通过办理暂住证有了合法的工作和居住权，户口对农民的限制不像以前那样严格。

另外，在小城镇，随着经济的繁荣，政府开始鼓励乡镇企业和私营经济发展，农民可以进城，以市场价格销售剩余农产品，服务产业也开始出现并迅猛发展。政策的改变降低了失业率，提高了生活水平。农民的收入普遍提高，在一些地方，政策允许富裕农民购买附近小城市或小城镇的城镇户籍。城镇政府认为，由于要向新转换户籍的居民提供各项社会福利，因此需要一定的货币补偿。购买城镇户籍的费用从几千元到几万元人民币不等，取决于城镇的大小和对农民的吸引力。俞德鹏（2002）估计，截至1993年末，300万农民通过购买城镇户籍转换了户口性质，城市政府收入因此增加250亿元。

1998年，户籍政策又发生了一些变化。首先，子女可自由选择户籍跟随父亲还是母亲①，这意味着只要父母一方拥有城镇户籍，子女就可申请城镇落户，办理城镇户籍更加容易。另外，政策规定，配偶拥有城镇户籍的农村居民如果在城市居住1年以上就可转化为城镇户籍；农村老人如果其唯一的子女拥有城镇户籍，可以把户口迁入城市；在城市进行企业投资或购买商品房并且拥有稳定工作的人，可以把户口迁入城市。尽管户籍制度有所松动，大量农民工在城市工作，但还是没有转换城市户籍的希望。

改革开放后的户籍政策和人口流动措施为中国经济的腾飞提供了廉价劳动力，适应了投资和出口拉动的经济增长方式，也造成城镇化滞后于工业化的现实，不利于经济结构调整和增长方式的转换。城镇化滞后于工业化的后果之一是城市大量农民工的出现以及由此带来的一系列社会问题。进入21世纪后，随着经济的快速发展，城镇化和农民工市民化问题开始被整个社会重视起来。

第三节　户籍制度改革与市民化推进阶段（2000年至今）

城乡分割的二元户籍制度长期以来被认为是不合理的，逐渐成为经济发展的阻碍，尤其是中国加入世界贸易组织之后，经济体制改革和对外开

---

① 在此之前，子女的户籍性质必须与母亲一致。

放领域的扩大要求户籍制度必须深化改革。同时，政府意识到城镇化和市民化有利于扩大消费，促进经济结构调整，提高居民的整体福利水平，因此各地开展了农业转移人口市民化进程。

从 2001 年开始，户口管控进一步放松。2003 年，强制收容制度取消，人们不再担心在城市因为没有合法居住权而被强制关押遣返。2006 年，河北、辽宁、山东、广东等 12 个省（自治区、直辖市）统一了城乡户口登记制度，取消了农业户口和非农业户口之分，统称居民户口。在户口迁移方面，江苏省允许在城市具有稳定工作和固定居住场所的居民把户籍迁入城市。西部省份甘肃省允许在城市居住 3 年以上的农民工把户口迁入城市。尽管一些城市加快了户籍制度改革的步伐，允许有条件的农村户籍居民进城落户①，但 2004 年，据农业部估计，尚有 1 亿农民工在城市工作。大城市户籍改革进展缓慢，北京、上海、广州和深圳等一线城市的户籍还很难获得，并存在不同程度的户籍歧视。以北京为例，政府部门提供的一些招聘岗位还仅限于北京户籍求职者。上海市为繁荣住宅销售市场，于 1994 年颁布条例，允许购买上海市商品房的外地居民获得上海市蓝印户口，并自2002 年 4 月 1 日起取消办理②，在此期间共授予蓝印户口 42000 份，有效刺激了房地产市场的繁荣。除蓝印户口外，只有极少数拥有较高教育程度和高技能的外地户籍居民被授予上海市户籍并享受相应的福利，低技能农民工获得上海市户籍的可能性非常低。

总体来看，21 世纪至今，中国户籍制度改革取得了明显成效，随着2016 年 9 月《北京市人民政府关于进一步推进户籍制度改革的实施意见》的出台，全国 31 个省（自治区、直辖市）全面取消了农业户口和非农业户口之分，统一改为居民户口。农业户口和非农业户口的取消，标志着二元户籍制度的终结。户籍对人口流动的限制早已取消，但户籍的区域性差异并没有因此消除，在大中小城市之间、城市与农村之间，户籍所附带的福利差异相当明显。以户籍制度改革促进农民工市民化是当前以及今后一段时间的一项重要工作，对城镇化建设以及经济的平稳发展具有重要意义。从当前阶段看，各地户籍制度改革和推进农民工市民化有两个共同的特征。

---

① 以河北省石家庄市为例，从 2001 年 8 月到 2003 年 6 月，石家庄共新增 45 万城镇户籍居民（王文录，2003）。

② 2002 年，上海市取消办理蓝印户口的主要目的在于抑制房价过快上涨。

第一，居住证制度取代暂住证制度。

暂住证最早出现在1984年的深圳，1985年推广到全国范围。暂住证旨在加强流动人口管理，在一定时期发挥了积极作用，但随着时代的发展，暂住证的弊端越来越凸显。2003年3月广州发生了孙志刚事件①，暴露了暂住证制度的诸多弊端。随着《行政许可法》的出台，暂住证制度失去了法律依据（杨菊华，2017），各地开始逐渐取消暂住证。从2008年到2010年，至少有10个城市取消了暂住证，开始实行居住证制度②，外地户籍居民在城市的就业和社会保障有了很大程度的提升。

随着实施居住证代替暂住证的城市越来越多，2015年11月国务院颁布了《居住证暂行条例》，在全国推行居住证制度，要求居住证持有人享有六大基本公共服务，即基本公共就业服务、义务教育、公共文化体育服务、法律援助和其他法律服务、基本公共卫生服务和计划生育服务、国家规定的其他基本公共服务等。该条例还规定，居住证持有人符合当地落户条件的，可申请落户。至此，暂住证制度被居住证制度全面取代。相比暂住证，居住证赋予外来人口更大权利，更加人性化，是社会进步的体现。

第二，按城市规模实行差别化落户政策。

各地根据2014年《国务院关于进一步推进户籍制度改革的意见》，坚持因地制宜、区别对待，实行差别化落户政策。按照意见要求，全面放开小城市落户限制，有序放开中等城市落户限制，合理确定大城市落户条件，严格控制特大城市人口规模。各地根据自身情况调整了落户政策。我们分别选取上海市（超大城市）、武汉市（特大城市）、西安市（Ⅰ型大城市）和呼和浩特市（Ⅱ型大城市），介绍各自的落户政策，重点关注低学历、低技能农民工户籍转换的相关规定。

上海城区人口超过2000万。基于控制超大城市人口规模的考量，上海市对外来人口申请上海户籍的条件非常苛刻，并且具有明显的偏向性，高学历、高技能、高财富所有者入籍条件相对宽松，普通农民工群体落户条件十分苛刻。具体来看，上海市落户方式分为居住证转户口，家庭成员投靠落户，非户籍应届生落户，留学回国人员落户，创新创业、投资、企业

---

① 2003年3月17日，湖北青年孙志刚因没有暂住证，被广州警察送进收容人员救治站，被其他收容人员殴打致死，该事件引起极大的社会反响。

② 参见附录C。

人才落户和人才引进落户六种。其中，非户籍应届生落户实行积分落户，其他五种只要满足相应落户条件即可。对广大在沪务工人员来说，以上落户方式中最有可能实现的是居住证转户口。附录 D 列出了上海市居住证转户口的条件，要求居住证满 7 年、社保满 84 个月、具有中级以上技能职称。对普通农民工来说，满足以上条件存在很大的困难，但居住证转户口相比其他落户方式，更适合低学历、低技能的外地务工者。总之，上海市对外来人口落户的限制非常严格。

武汉市有城区人口 675 万人，属于特大城市行列。2016 年国家提出把武汉建设成国家中心城市，武汉对外来人口的吸引力逐渐增强。武汉市作为特大城市，入籍条件要比超大城市上海市宽松一些，但比普通城市要求高。武汉市落户方式分为购房落户、积分落户和高校毕业生落户三种。低技能、低学历农民工要想在武汉落户，可以考虑购房落户和积分落户，这两种落户条件见附录 D。在主城区购房落户对房屋建筑面积和总价有最低要求，考虑到武汉市将近 2 万元一平方米的房价，只有极少数收入水平较高的农民工有经济实力在武汉购房落户。积分落户方面，具有稳定居住场所、持有居住证、参加社会保险以及不超过法定退休年龄的申请者可申请在武汉落户。在具体的积分规则里，对于在武汉购房者①、高学历者、高技术职称者、高级管理人员、受到市级以上表彰奖励者给予较高的分值，普通农民工很难达到积分要求，因此落户武汉着实不易。

西安市有城区人口 423.86 万人，位于人口规模 300 万～500 万的 I 型大城市行列。2018 年 2 月西安市被批准为中国第九个国家中心城市，标志着西安市未来将吸引更多的人口流入。针对不同群体，西安市落户条件按照大中专毕业生、技能人才、投资纳税、买房落户、长期就业有房人员分类。买房落户和长期就业有房人员落户的基本条件见附录 D。买房落户要求购买城区 90 平方米以上商品房，取得房产证并缴纳 1 年以上养老保险。长期就业有房人员落户要求 35 周岁以下，与用人单位签订长期劳动合同，缴纳 3 年以上职工养老保险并有合法稳定住所。相对武汉市，西安市落户条件有所放松，西安市没有实行积分制，只要满足相应的居住、就业、社会保

---

①　不满足购房落户条件的购房者要么是所购房产的面积无法达到购房落户条件，要么是房屋总额无法达到购房落户最低额度要求。

险条件就可以落户。西安市城市规模比武汉市小，又处于西北地区，落户限制相对较少。

呼和浩特市城区人口达 188 万人，处于Ⅱ型大城市行列。根据呼和浩特市的要求，只要在该市具有合法稳定职业和稳定住所的申请者都可申请落户。合法稳定住所包括保障性住房和租赁住房（租赁房屋需连续租满 2 年并在房管部门备案）。合法稳定职业是指签订劳动合同，收入稳定并连续缴纳社保或纳税满 2 年。从附录 D 列出的落户条件看，呼和浩特市落户条件相对而言是最宽松的，符合国家按城市规模差别化制定落户政策的要求。

从以上四个不同规模等级城市的落户条件来看，各市按照《国务院关于进一步推进户籍制度改革的意见》的要求，结合自身实际制定了不同的落户政策。规模越大的城市对学历、技能、资本量的要求越高，农民工很难达到落户条件，农民工在规模相对较小的城市更容易满足落户条件，实现市民化。随着 2019 年国家发展改革委员会《2019 年新型城镇化建设重点任务》的发布，城市落户门槛进一步降低，但对户籍吸引力强的超大特大城市仍保持了较强的落户限制。

本章小结

本章梳理了中华人民共和国成立至今户籍制度与农民工市民化问题产生和发展的历程，为后面三章的实证研究奠定了背景基础。中华人民共和国成立后，为配合社会主义现代化建设，中央政府逐步建立了城乡分割的户籍登记制度以控制人口流动。户籍与就业、物资配给、福利分房等紧密相关，政府严格控制农村人口向城市流动。农村以生产大队为单位实行集体公社制，农民被牢牢固定在土地上。城市就业和物资配给都由政府统一分配，如果一个农民进入城市，他无法获得粮食配给，不能获得政府提供的工作岗位，不能获得政府提供的住房，在城市根本无法生存。改革开放前，人们只能通过升学、入党或参军等少数几种途径把农村户籍转换成城市户籍，户籍从农村到城市的转换存在较大的寻租空间。严格的户籍制度推动了计划经济年代工业化的起步，造成了低水平的城镇化现实，形成了城市和农村两个分割的社会。

　　1978 年党的十一届三中全会确立了改革开放的基本方向，自此人口流动的限制逐渐解除，户籍对个人就业、物资配给的影响也越来越小直至消除。家庭联产承包责任制解放了农村生产力，粮食产量逐年增加，农村地区出现了剩余劳动力。与此同时，改革开放率先在沿海地区进行，大量内外资企业在东部沿海地区投资建厂，对廉价劳动力的需求越来越旺盛。农村推力和城市拉力的共同作用，再加上政府对人口流动管制的放松，使内陆地区很多农民开始在东部沿海城市务工，形成了农民工群体。改革开放初期，尽管人口流动的限制逐渐取消，但农民把户籍从农村转移到城市的困难程度并没有降低。这个时期城镇人口增长速度逐渐加快，主要原因在于大量农村剩余劳动力进入城市。农村剩余劳动力在城市工作，但无法获得城市户籍，成为城市农民工。农民工无法获得与城市居民同等的社会福利，没有转换城镇户籍的希望，并带来一系列社会问题。政策出发点在于吸引农村剩余劳动力进入城市工厂工作，而不提供市民待遇，这样可以保持足够低的工资，进一步吸引资本进入。中国改革开放以后在很长的一段时间内保持了出口产品的竞争力，与这个时期的户籍政策以及农民工的奉献密不可分。

　　进入 21 世纪后，户口管控逐渐放松。2003 年强制收容制度取消，人们不再担心因为在城市没有合法居住权而被强制关押遣返。2006 年河北、辽宁、山东、广东等 12 个省（自治区、直辖市）统一了城乡户籍登记制度，取消了农业户口和非农业户口之分，统称居民户口。十年之后，随着 2016 年 9 月《北京市人民政府关于进一步推进户籍制度改革的实施意见》的出台，全国 31 个省（自治区、直辖市）全面取消农业户口和非农业户口之分。农业户口和非农业户口的取消，标志着城乡二元户籍制度的终结。2019 年 3 月《2019 年新型城镇化建设重点任务》发布，进一步降低了城市落户门槛。除超大特大城市外，众多中小城市解除了落户限制。户籍对人口流动的限制早已取消，但户籍的区域性差异并没有消除，大中小城市之间、城市与农村之间户籍的差异相当明显，农民工问题没有得到彻底解决。当前，通过户籍制度改革加快农民工市民化是整个社会的共识，具有两个特征：一是居住证制度取代暂住证制度，二是按照城市规模实行差别化落户政策。居住证给了农民工在务工城市更大的权利，按城市规模实行差别化落户政策则引导农民工在中小城市实现市民化。

对户籍制度与农民工市民化问题的梳理，有助于我们认清当前农民工市民化所处的阶段和面临的主要问题。针对农民工到底应在大城市还是中小城市实现市民化的疑问，以及当前引导农民工在中小城市落户的市民化政策是否合理，本书将在接下来的实证章节予以解答。

第四章　城市规模与农民工市民化意愿

本章研究城市规模如何影响农民工市民化意愿。农民工从农村流入城市，从农业转向非农就业，最终实现从农民到市民的身份转换分两个阶段进行。从农村到城市的区域转换、从农业到非农的就业转换形成了城市农民工，这个阶段已经完成，但从农民到市民的身份转换却步履维艰。市民化意愿是农民工主观层面在城市定居并最终融入城市的意愿，本章使用两个指标衡量市民化意愿：一个是长期定居意愿，另外一个是户籍迁移意愿。农村流动人口进入城市就业，首先面临是否在当地长期居住的选择，只有那些愿意在当地长期居住的农民工才愿意在当地完成身份转换，因此定居意愿是市民化意愿的前提。2016年9月北京市发布了《北京市人民政府关于进一步推进户籍制度改革的实施意见》，至此全国31个省（自治区、直辖市）全部出台了户籍制度改革意见，城乡二元户籍制度退出了历史舞台。户籍的城乡差异并没有因为城乡户籍称谓的取消而消失，农民工进入城市，如果没有城市当地户籍，还是无法享受与城镇居民同等的社会福利，是否愿意把户籍迁入所在城市是农民工市民化意愿的另一种体现。

第一节　城市规模与农民工定居意愿

农民工是指从农村转移出来进入城市，在城市工作和生活但没有所在城市户籍，不能享受与当地户籍居民同等福利的低技能群体。20世纪70年代末以来，随着改革开放的不断推进，大量农民工进入城市，推动了中国经济的高速增长。国家统计局公布的《2018年农民工监测调查报告》显示，2018年全国农民工总量达2.88亿人，其中外出农民工1.73亿人，外出农民工中进城农民工有1.35亿人。虽然进城农民工总量开始下降，但绝对值依然很大，是推动中国经济前行的重要力量。作为最大的发展中国家，中国城镇化发展速度十分迅速，常住人口城镇化率从1978年的17.9%增长到

2018 年的 59.58%。尽管常住人口城镇化率接近 60%，户籍人口城镇化率刚过 40%[1]，但农民工市民化进程还应继续加快。

农民工具有明显的大城市偏向，约四成流动人口居住在人口超过 500 万的特大或超大城市，50 个大中城市外来常住人口占全国流动人口总量的 80%[2]。大城市在就业、收入、教育、医疗、生活服务等方面对农民工的吸引力很大，但大中城市尤其是超大特大城市对外来人口的入籍政策十分严格，大城市入户政策如积分制倾向于吸收高学历、高技能、高人力资本的外地户籍人员落户，不利于学历、技能以及人力资本水平普遍偏低的农民工在大城市实现异地市民化。反观小城市，尤其是家乡的小城镇，落户相对容易，对农民工的歧视程度较轻，但城市规模越小，可提供的就业机会越少，工资水平比大城市低很多，因此对农民工的吸引力受到就业和收入的限制。本节从长期定居意愿角度研究城市规模与农民工市民化之间的关系，目的在于厘清城市规模对市民化意愿的具体影响，并比较不同区域和技能水平农民工的差异。

尽管流动人口定居意愿的研究逐渐被一些研究者关注，但目前的研究还相当不充分，大部分研究集中于对特定群体或特定地区流动人口的研究（Zhu，2007；Zhu 和 Chen，2010；Fan，2011；Du 和 Li，2012；Tang 和 Feng，2015），对全国范围内流动人口定居意愿的研究还很缺乏，对城市规模影响农民工长期定居意愿的研究更是欠缺。全国范围内的农民工定居意愿对当前城镇化和市民化政策的有效性起着重要作用，有必要厘清城市规模对农民工定居意愿的影响。本节使用国家卫生和计划生育委员会 2015 年流动人口动态监测调查数据，实证研究城市规模对农民工在城市长期定居意愿的影响，以厘清城市规模与市民化意愿间的关联。

一、理论模型

本节理论模型参考了 Hunt 和 Mueller（2004）有关移民定居地选择的模型，并考虑加入城市规模的影响。假定个体 i 在城市 j 的间接效用函数 V_{ij} 可以表示为

$$V_{ij} = V(w_{ij}, r_j, a_j) \tag{4.1}$$

---

[1] 参见《中华人民共和国 2018 年国民经济和社会发展统计公报》。

[2] 参见《中国 2010 年人口普查资料》。

其中，w_{ij} 表示个体 i 在城市 j 的工资水平，r_j 表示城市 j 的居住成本，a_j 表示城市 j 不可贸易的公共基础设施。

令 O 表示当前所在城市，个体在当前所在城市以及其他可选择地区的间接效用函数分别如式（4.2）和式（4.3）所示。

$$V_{io} = V(w_{io}, r_o, a_o)，j = o \qquad (4.2)$$

$$V_{ij} = V(w_{ij}, r_j, a_j, C_{ioj})，j \neq o \qquad (4.3)$$

其中，

$$C_{ioj} = C(C_{io}, d_{io \to j}) \qquad (4.4)$$

C_{ioj} 表示迁移成本，假定其由固定成本 C_{io} 和两地之间距离 $d_{io \to j}$ 决定的可变成本组成。迁移的固定成本与当前所在城市所获得的经济状况相关，只要离开此地，无论迁移到哪里，都有一个固定的迁移成本 C_{io}，可变迁移成本与此地和迁移目的地的距离相关。

假定个体 i 在城市 j 最大化其终生效用函数，其剩余工作年限总的效用函数可表示为

$$LV_{ij} = \int_0^T V_{ij}(.) e^{-\rho\tau} d\tau \qquad (4.5)$$

其中，$T = T^* - y_i$，T^* 表示退休年龄；y_i 为个体 i 当前的年龄；$e^{-\rho\tau}$ 为未来效用的贴现，贴现率为 ρ。

假定未来期限效用函数形式保持不变，贴现率 ρ 也保持不变，则式（4.5）可变形为

$$LV_{ij} = \frac{1}{\rho} V_{ij}(.) [1 - \exp(-\rho T)] \qquad (4.6)$$

把 T 用 $T^* - y_i$ 来代替得到

$$LV_{ij} = \frac{1}{\rho} V_{ij}(.) \{1 - \exp[-\rho(T^* - y_i)]\} \qquad (4.7)$$

于是，个体 i 在城市 j 剩余工作年限的间接效用函数可表示为

$$LV_{ij} = LV(\rho, C_{io}, y_i, w_{ij}, r_j, a_j, d_{io \to j}) \qquad (4.8)$$

其中，ρ 和 y_i 不随个体的迁移而变化；C_{io} 只取决于是否迁移，与迁移地的选择无关；w_{ij}、r_j、a_j、$d_{io \to j}$ 则与迁移地有关。

城市规模 s_j 如何影响个体的定居意愿？城市规模 s_j 通过影响 w_{ij}、r_j 和 a_j 对定居意愿产生联合影响。假定 s_j 增加，w_{ij}、r_j 和 a_j 都会增加，而 w_{ij} 和 a_j 同 LV_{ij} 正相关，r_j 同 LV_{ij} 负相关，因此 s_j 对 LV_{ij} 的影响方向不确定。随着城

市规模的增加，个体 i 在城市 j 的收入水平以及城市 j 公共基础设施对个体 i 的吸引力都会增强，这无疑增加了个体 i 在城市 j 的定居意愿。另外，随着城市规模的增加，城市 j 的居住成本也在不断增加，降低了个体 i 在城市 j 的定居意愿。因此，城市规模对定居意愿的影响存在正反两个方向，最终的影响取决于两个方向影响力的大小。

二、数据、变量及描述性统计

本节数据来自 2015 年国家卫生和计划生育委员会流动人口卫生计生动态监测调查。该项数据调查了流动人口的职业、收入、定居意愿以及卫生服务等众多信息，样本量共计 206000 个，涵盖中国 31 个省（自治区、直辖市）以及新疆生产建设兵团共 32 个省级单位。调查对象为在流入地居住 1 个月以上、非本区县户口、年满 15 周岁的流动人口。在保持全国、各省代表性的基础上，增强了主要城市、均等化重点联系城市的代表性。本章对数据进行了如下处理：首先，删除了流入新疆生产建设兵团的 2000 个样本。本书主要考察城市规模对农民工市民化意愿和能力的影响，因此对农民工流入非城市的样本进行了删除。其次，只保留流入城市市辖区的流动人口，对于流入县、县级市的样本进行了删除。再次，按照流动原因的分类，删除了流动原因为投亲靠友、学习培训、参军、出生等的样本，只保留流动原因为务工经商的样本[①]。最后，考虑到城市数据的可得性，删除了流入西藏的样本以及就业身份既不是雇员，也不是雇主或者自营劳动者的个体，最终保留城乡流动人口样本 121020 个。

各城市市辖区常住人口数据来自《中国城市建设统计年鉴（2016）》。为缓解城市规模的内生性，本书以 1964 年第二次人口普查各城市市辖区人口数作为城市规模的工具变量，人口普查各城市人口数据来自《中国人口统计年鉴（1988）》。

本节因变量为长期定居意愿，对应 2015 年流动人口动态监测数据的问题是"您今后是否打算在本地长期居住（5 年以上）？"选择"打算"的设值为 1，选择"不打算"和"没想好"的设值为 0。在稳健性检验部分，本书删除了长期定居意愿选择"没想好"的样本，只保留具有明确定居意愿

---

① 流动原因是务工经商的流动人口占样本量的 84.46%。

的样本，其结果并没有显著性差异。

本节核心解释变量为城市规模，以市辖区常住人口数表示。市辖区常住人口数越多，城市集聚对个人就业、收入以及整个城市公共基础设施等产生的影响越大，从而影响个体长期居住意愿。另外，城市规模越大，居住成本、通勤成本等生活成本越高，而大城市对低技能外来人口的入籍政策并不友好，因此其定居意愿趋弱，城市规模对农民工定居意愿的最终影响需要进行定量研究。

参照现有研究，本书中的控制变量包括四类，即个体特征、家庭特征、流动特征和流出地特征。个体特征包括性别、年龄、受教育程度和婚姻状况。家庭特征包括流入地家庭同住人数、老家是否有60周岁以上的老人两个指标。流动特征包括流动范围和流动时长。流出地特征为户籍所在地区所属区域的虚拟变量。

个体特征方面，性别与定居意愿的关系未知，可能与数据的选择有关。现有研究普遍认为年龄与定居意愿呈倒"U"形关系，中年人定居意愿最强，年龄小的和年纪较大的农民工定居意愿较弱（Hu等，2011；Gu和Ma，2013）。受教育程度与社会经济地位的正向关系已得到文献（Knight和Song，2003；郭菲和张展新，2013）的广泛证实，社会经济地位的提升与城市定居意愿正相关，因此我们认为，受教育程度越高，定居意愿越强。已婚农民工的定居意愿可能高于未婚者，因为已婚农民工考虑到家庭其他成员的需要，更倾向于长期定居（Tan等，2017）。

家庭特征方面，流入地家庭同住人数越多，整个家庭与这座城市的联系越紧密，其迁移的固定成本 C_{io} 越大，因此迁移的可能性越小，定居意愿越强。另外，老家如果有60周岁以上的老人，农民工在城市定居的可能性就较小，因为在外定居不利于对老人的赡养和照料。

流动范围影响定居意愿。宁光杰和李瑞（2016）研究发现，中等范围流动（如省内跨市）的市民化意愿较高，高于远距离的跨省流动和近距离的市内跨县。本节主要研究城市规模对农民工定居意愿的影响，流动范围并不是核心解释变量，因此没有对流动范围进行细分，而是把流动范围按照是否跨省分为跨省流动和省内流动。流动时长越长，农民工与所在城市的联系越紧密，定居意愿可能就越高。

流出地特征主要是户籍所在地所属区域的虚拟变量，其可能与定居意愿相关，但具体的影响方向无法预期，需要实证阐释。

各变量的描述性统计结果见表 4.1，所调查的全部 121020 个农民工样本中，愿意在流入地长期居住的占 58.1%，说明整体定居意愿较高。人口规模的对数值均值为 5.30，最小值为 2.35，最大值为 7.79①。年龄的均值为 35.6 岁，最小的为 16 岁，最大的为 93 岁。受教育程度为初中及以下的占 68.9%，高中及以上的合计占总样本的 31.1%。已婚人口占 81.9%，同住人数的均值为 2.64 人，老家有老人需要赡养的占 51.8%。跨省流动占 46.3%，省内流动占 53.7%。流动时长平均为 4.47 年，最多的已经在务工城市待了 59 年。来自东部地区的农民工占 24.7%，来自中部、西部和东北地区的农民工分别占 36.6%、32.4% 和 6.3%。

表 4.1 变量的描述性统计结果

变量	变量具体含义	观测值	均值	标准差	最小值	最人值
willing	定居意愿	121020	0.581	0.493	0	1
lnpopc	人口规模对数值	121020	5.301	1.208	2.35	7.79
male	男性	121020	0.52	0.5	0	1
age	年龄	121020	35.599	9.975	16	93
education	受教育程度					
junior	初中及以下	121020	0.689	0.463	0	1
senior	高中或中专	121020	0.226	0.418	0	1
college	大专及以上	121020	0.085	0.279	0	1
marriage	已婚	121020	0.819	0.385	0	1
liv	同住人数	121020	2.643	1.167	1	10
oldman	家中老人需要赡养	121020	0.518	0.5	0	1
florage	跨省流动	121020	0.463	0.499	0	1
flolong	流动时长	121020	4.472	4.678	0	59
lcdqy	流出地区域					
east	东部地区	121020	0.247	0.431	0	1
midland	中部地区	121020	0.366	0.482	0	1
west	西部地区	121020	0.324	0.468	0	1
northeast	东北地区	121020	0.063	0.242	0	1

---

① 样本城市中，市辖区常住人口最少的是丽江市，只有 10.49 万人；常住人口最多的是上海市，共 2415.27 万人。

三、城市规模影响定居意愿的实证结果

定居意愿是二值变量，实证部分首先使用二值 Probit 进行估计。考虑到城市规模的内生性，为缓解内生性影响，我们使用 1964 年第二次人口普查各城市人口数作为 2015 年城市人口规模的代理变量进行 Ivprobit 估计。最后，为考察异质性，我们按流入地所属区域、城市群及农民工技能分样本回归。

（一）城市规模与农民工定居意愿 Probit 估计结果

从表 4.2 的估计结果看，只有回归（1）城市规模的一次项和平方项都显著，加入控制变量后，城市规模的一次项不显著，说明城市规模与定居意愿之间可能不存在二次型关系，因此我们在附表 E1 列出了只包含城市规模一次项的估计结果。结合附表 E1 和表 4.2 可以看出，城市规模的增加提高了农民工定居意愿，城市规模越大，农民工越愿意长期居住。城市规模的扩大带来收入水平的提高、就业机会的增大、可供消费的公共产品的数量和质量的增加，这都促进了农民工定居意愿的提高，但本节理论部分已经阐明城市规模的提高增加了生活成本，可能使定居意愿降低。由于没有考虑城市规模的内生性问题，Probit 估计结果未必准确。

表 4.2　　　　　城市规模与定居意愿：Probit 估计边际效应值

变量	（1）	（2）	（3）	（4）	（5）
$\ln popc$	− 0.0339 ***	− 0.0134	0.00526	0.00462	− 0.0130
	(0.00884)	(0.00864)	(0.00848)	(0.00844)	(0.00848)
$\ln popcsq$	0.00357 ***	0.00165 **	0.000617	0.00125	0.00264 ***
	(0.000804)	(0.000785)	(0.000771)	(0.000774)	(0.000776)
$male$		− 0.00575 **	− 0.000713	− 0.00274	− 0.00283
		(0.00282)	(0.00277)	(0.00283)	(0.00283)
age		0.0162 ***	0.0184 ***	0.0106 ***	0.0101 ***
		(0.000956)	(0.00100)	(0.00101)	(0.00101)
$agesq$		− 0.000169 ***	− 0.000184 ***	− 0.000123 ***	− 0.000118 ***
		(1.17e − 05)	(1.22e − 05)	(1.22e − 05)	(1.22e − 05)

续表

变量	(1)	(2)	(3)	(4)	(5)
senior		0.0493*** (0.00345)	0.0538*** (0.00336)	0.0464*** (0.00331)	0.0459*** (0.00332)
college		0.157*** (0.00468)	0.165*** (0.00455)	0.153*** (0.00456)	0.151*** (0.00457)
marriage		0.187*** (0.00457)	0.0675*** (0.00487)	0.0918*** (0.00478)	0.0909*** (0.00478)
liv			0.0915*** (0.00128)	0.0747*** (0.00134)	0.0758*** (0.00133)
oldman			−0.00957*** (0.00308)	−0.00740** (0.00302)	−0.00430 (0.00302)
florage				−0.0901*** (0.00282)	−0.0880*** (0.00284)
flolong				0.0199*** (0.000346)	0.0196*** (0.000346)
midland					−0.0138*** (0.00350)
west					−0.0312*** (0.00363)
northeast					0.0766*** (0.00578)
N	121020	121020	121020	121020	121020
Pseudo R²	0.0002	0.0318	0.0627	0.0919	0.0941

注：表中为 Probit 估计的边际效应值，括号中为稳健标准误，** 和 *** 分别表示在 5% 和 1% 的显著性水平上显著。受教育程度以初中及以下为参照，流出地所属区域以东部地区为参照。

从个体特征变量的回归结果看，控制住家庭特征、流动特征、流出地特征后，性别的差异不再显著，不同性别的城市定居意愿差别不大。年龄的一次项为正，平方项为负，与已有研究一致，中年人定居意愿最强，年龄小的和年纪大的农民工定居意愿都不如中年农民工定居意愿强。年龄小的农民工初入职场，就业尚不稳定，为寻求更好的发展机遇，可能会选择在城乡间、不同城市间频繁流动。年龄较大的农民工，其对故乡的情感更深，在城市工作一段时间后更愿意返乡。综合来看，年龄与定居意愿呈倒"U"形。受教育程度越高,定居意愿越强,符合我们的预期。与初中及以下农民工相比,高中或中专、大专及以上农民工定居意愿都有所提高,提高人力资本水平有利于定居能力的提高,定居能力的提高对定居意愿有积极、正向影响。由此可见,提高教育水平有利于加快农民工市民化[①]。与Tan等(2017)的估计结果一致,已婚的比未婚的定居意愿更高。无论家庭其他成员是否随迁,已婚农民工在作出定居决策时会考虑家庭其他成员如配偶、子女的意愿,家庭整体决策增大了长期定居的可能性。

回归(3)在回归(2)的基础上加入了家庭特征变量。与预期相符,流入地家庭同住人数越多,定居的可能性越高。老家有60周岁以上的老人对城市长期定居意愿产生负面影响,但回归(5)加入流出地特征变量后,老家有60周岁以上的老人的回归系数不再显著。流入地家庭同住人数越多,家庭与流入地的联系越紧密,其迁移的固定成本 C_{io} 越大,回迁或流动到其他城市的可能性降低。老家有60周岁以上的老人确实影响年轻农民工在流入地的定居决策,但并不是主要影响因素,经济条件允许时老人也可以随迁,并且老人终究会离世,对年轻农民工在流入地的定居决策不会产生决定性影响。

流动特征方面,跨省流动的定居意愿低于省内流动。宁光杰和李瑞(2016)研究了流动范围与农民工市民化意愿及市民化能力间的关系。跨省流动农民工的市民化意愿低于省内跨市,也低于市内跨县,表4.2中的估计结果与上述文献一致。省内流动的农民工,其流入地和流出地在自然环境、文化习俗、生活习惯等方面差异较小,农民工更容易适应当地城市生活,因此定居意愿高于跨省流动。流动时长越长,农民工与城市的联系越紧密,定居意愿越高。

回归(5)加入流出地特征变量,与来自东部地区的农民工相比,来自中西部地区的农民工定居意愿更低,来自东北地区的农民工定居意愿最高,这解释了为什么近年来东北地区成为中国人口净流出最严重的地区,来自东北地区的农民工在流入地的定居意愿高于来自其他地区的农民工。来自中西部地区的农民工大多流入东部地区,其迁移成本比来自东部地区的农

---

① 除学历教育以外,培训也能提高人力资本水平。2015年流动人口数据没有问关于培训的问题,因此此处没有考虑培训对定居意愿的影响。

民工高，因此定居意愿比来自东部地区的农民工低。

（二）城市规模影响定居意愿 Ivprobit 估计

表 4.2 的估计结果没有考虑城市规模的内生性，如果内生性问题存在，上述估计结果就是有偏的。经济问题的内生性主要有三种来源：互为因果内生性、遗漏重要解释变量内生性和测量偏误引致的内生性。针对本书所研究的问题，有可能出现遗漏重要解释变量内生性。某些重要解释变量一方面与城市规模相关，另一方面与定居意愿相关，遗漏该变量就会使城市规模与随机扰动项相关，造成 Probit 估计结果不一致。解决内生性的一种方法是工具变量法，寻找与内生解释变量相关、与因变量不直接相关的工具变量。工具变量通过影响内生解释变量，间接影响因变量，这是工具变量影响因变量的唯一渠道。

本书以 1964 年第二次人口普查城市人口数作为当前城市规模的工具变量。历史人口规模影响当前城市人口规模，但历史人口规模与当前微观个体农民工的定居意愿并不直接相关，因此以 1964 年城市人口规模作为当前城市人口规模的工具变量可以尽可能减少内生性对估计结果的影响。陆铭等（2012）使用 1953 年第一次人口普查城市人口数作为城市规模的工具变量，高虹（2014）使用 1953—1982 年城市人口增加量作为城市规模工具变量，孙三百等（2014）、朱明宝和杨云彦（2016）均使用 2000 年城市市辖区人口数作为城市规模的工具变量。本书之所以选取 1964 年第二次人口普查城市人口数作为当前城市规模的工具变量，而不是 1953 年第一次人口普查城市人口数，是因为考虑到了行政区划调整因素。1953 年至今，我国经过了几次大的行政区划调整，尤其是城市升级、拆分、重组、合并等，导致之前的城市范围与现在的城市范围差异较大。1964 年第二次人口普查后，城市也经过多次调整，但大体上与现今城市体系保持一致，无论使用 1953 年城市人口数还是 1964 年城市人口数作为当前城市规模的工具变量，估计结果基本一致。具体工具变量估计结果见表 4.3。

表 4.3　　　　城市规模与定居意愿：Ivprobit 估计边际效应值

变量	(1)	(2)	(3)	(4)	(5)
lnpopc	−0.565***	−0.455***	−0.354***	−0.341***	−0.328***
	(0.0411)	(0.0417)	(0.0423)	(0.0438)	(0.0436)
lnpopcsq	0.0512***	0.0412***	0.0346***	0.0355***	0.0326***
	(0.00364)	(0.00369)	(0.00374)	(0.00390)	(0.00386)
male		−0.0159**	−0.00270	−0.00858	−0.00944
		(0.00751)	(0.00761)	(0.00805)	(0.00805)
age		0.0434***	0.0512***	0.0306***	0.0290***
		(0.00253)	(0.00272)	(0.00283)	(0.00284)
agesq		−0.000457***	−0.000512***	−0.000356***	−0.000340***
		(3.09e−05)	(3.30e−05)	(3.43e−05)	(3.44e−05)
senior		0.134***	0.150***	0.132***	0.132***
		(0.00927)	(0.00940)	(0.00954)	(0.00956)
college		0.440***	0.478***	0.453***	0.451***
		(0.0143)	(0.0145)	(0.0146)	(0.0147)
marriage		0.490***	0.182***	0.257***	0.256***
		(0.0124)	(0.0133)	(0.0135)	(0.0136)
liv			0.249***	0.210***	0.214***
			(0.00361)	(0.00381)	(0.00382)
oldman			−0.0279***	−0.0221**	−0.0132
			(0.00847)	(0.00859)	(0.00861)
florage				−0.272***	−0.254***
				(0.00828)	(0.00834)
flolong				0.0555***	0.0553***
				(0.000959)	(0.000961)
midland					−0.0451***
					(0.0100)
west					−0.102***
					(0.0104)
northeast					0.237***
					(0.0175)

续表

变量	（1）	（2）	（3）	（4）	（5）
Wald test（*chi2*）	199.19	148.58	131.58	119.19	67.85
N	121020	121020	121020	121020	121020
拐点值	249.03	250.10	166.60	121.85	153.04

注：表中为 Ivprobit 估计的边际效应值，括号中为稳健标准误，** 和 *** 分别表示在 5% 和 1% 的显著性水平上显著。受教育程度以初中及以下为参照，流出地所属区域以东部地区为参照。

城市规模内生性 Wald 检验的结果表明，城市规模是内生变量，两阶段扰动项相关系数 ρ 不为零。工具变量估计第一阶段的两个方程[①]，工具变量回归系数都显著，并且回归方程可决系数较大，说明工具变量对内生解释变量具有显著影响，工具变量满足相关性要求。从 Ivprobit 估计结果看，与 Probit 估计结果存在差别。解决内生性后，城市规模一次项为负，平方项为正，随着城市规模的增加，农民工定居意愿先减小后增加，呈"U"形。城市规模由小变大，一开始生活成本增加对定居意愿的负向影响起主导作用，表现为城市规模扩大，定居意愿降低。随着城市规模的进一步扩大，超过某一临界值后，城市规模增加带来收入以及可获得的公共产品数量的增加，这些正向效应超过了负向效应，此时城市规模增加提高了农民工定居意愿。中国近几年住房价格快速上涨，一些三线和四线城市本身并没有吸引人口大量流入的优势，居民收入不高，公共产品供给也不完善，但房价增长很快，价格颇高。农民工基于最大化终生间接效用的考量，在这类城市的定居意愿是最低的。特大城市和超大城市收入水平较高，城市整体建设较好，对各类人才的吸引力都很强，尽管也面临高房价、转移户籍难的问题，但农民工定居意愿很高。一些小城市自身居住成本较低，对具有稳定就业和收入的农民工来说，其通过购买商品房实现家庭整体迁移的可能性较高，因此定居意愿也不低，反而是人口 150 万左右城市的农民工定居意愿最低。通过使用 1964 年第二次人口普查城市人口数作为 2015 年城市市辖区常住人口的工具变量，工具变量法缓解了解释变量与随机扰动项的相关性，估计结果较为可信。

[①] 两个方程分别为工具变量对城市规模对数值以及城市规模对数值的平方项的估计。

控制变量方面，个体特征、家庭特征、流动特征和流出地特征等变量的边际效应值与 Probit 估计绝对值大小存在差异，但变量显著性及影响方向没有改变，Ivprobit 估计没有改变二元 Probit 估计的基本结论。

（三）城市规模影响定居意愿分样本估计结果

按照流入地所属区域，我们把全国 31 个省（自治区、直辖市）分成东部、中部、西部和东北四个部分，每一区域城市规模对农民工定居意愿的影响见表 4.4。回归（1）中，东部地区城市规模的一次项和平方项均不显著，回归（5）只包括东部地区城市规模的一次项。农民工在东部地区具有明显的大城市倾向，城市规模越大，农民工定居意愿越高。中国一线城市集中在东部地区，东部地区城市规模与农民工定居意愿的实证结果表明，农民工在东部地区规模最大的城市具有最高的定居意愿。中西部地区城市规模一次项为负，平方项为正，随着中西部城市规模的增加，农民工定居意愿先减小后增大，定居意愿最小值出现在人口 160 万左右的城市。中西部地区省会等大城市吸引了大量省内流动人口，农民工在这些城市具有较高的定居意愿；中西部地区小城市对周边农民工也具有一定的吸引力，只要有稳定的就业和收入，其定居意愿也比较高。东北地区城市规模对定居意愿的影响与全国整体态势不同，随着城市规模的扩张，定居意愿先增大后减小，呈倒"U"形，定居意愿极大值出现在人口 140 万左右的城市。东北地区近年来经历了比较严重的人口外流，回归（4）的回归结果表明，在东北地区，就算是大一点的城市，对农民工的吸引力也不强，农民工的定居意愿不高，必须引起当地政府的高度重视。

表 4.4　　　　城市规模与定居意愿：分地区 Ivprobit 估计边际效应值

变量	（1）东部地区	（2）中部地区	（3）西部地区	（4）东北地区	（5）东部地区
ln*popc*	0.0518 (0.0899)	− 0.937 * (0.498)	− 0.892 *** (0.0975)	4.253 *** (0.750)	0.0657 *** (0.00604)
ln*popcsq*	0.00118 (0.00749)	0.0907 * (0.0492)	0.0883 *** (0.00956)	− 0.430 *** (0.0744)	
控制变量	Yes	Yes	Yes	Yes	Yes
Wald test（*chi2*）	18.18	4.47	278.55	24.76	14.81

变量	(1) 东部地区	(2) 中部地区	(3) 西部地区	(4) 东北地区	(5) 东部地区
N	57296	23922	32552	7250	57296
拐点值	—	175.10	156.17	140.52	—

注：表中为 Ivprobit 估计的边际效应值，括号中为稳健标准误，* 和 *** 分别表示在 10% 和 1% 的显著性水平上显著。控制变量与表 4.3 回归（5）各控制变量相同，涵盖个体特征、家庭特征、流动特征和流出地特征。工具变量第一阶段估计结果显示工具变量与内生解释变量相关，工具变量满足相关性要求。

按照流入地是否属于某一城市群，我们把全国分为京津冀、长三角、珠三角以及其他四个区域①。按城市群分样本回归的估计结果见表 4.5。城市规模内生性 Wald 检验结果表明，城市规模是内生解释变量，需要使用工具变量法予以解决。京津冀城市群、长三角城市群城市规模的一次项为负，平方项为正，随着城市规模的增加，定居意愿先减小后增加，拐点的城市人口在 300 万人左右。京津冀城市群位于拐点附近的城市是石家庄市，长三角城市群位于拐点附近的城市是苏州市和杭州市，这三个城市在区域内的定居意愿最低。这三个城市有一个共同的特点，即都是城市群内较大同时又不是最大的城市，城市群内这一级别的城市位置相对尴尬，农民工定居意愿最低。农民工在珠三角城市群人口 200 万左右的城市定居意愿最高②，低于此人口规模和高于此人口规模的城市，定居意愿都较低。除三大城市群以外的其他城市，城市规模与定居意愿的关系与全国整体状况类似，城市规模与定居意愿呈 "U" 形，人口 130 万左右的城市定居意愿最低。

---

① 京津冀城市群包括北京、天津、石家庄、保定、唐山、廊坊、秦皇岛、张家口、承德、沧州、衡水、邢台、邯郸和安阳等 14 市。长三角城市群包括上海、南京、无锡、常州、苏州、南通、盐城、扬州、镇江、泰州、杭州、宁波、嘉兴、湖州、绍兴、金华、舟山、台州、合肥、芜湖、马鞍山、铜陵、安庆、滁州、池州和宣城等 26 市。珠三角城市群包括广州、深圳、珠海、佛山、东莞、惠州、中山、江门、肇庆、汕尾、清远、云浮、河源、韶关等 14 市。

② 珠三角城市群人口位于 200 万左右的城市是东莞市，农民工在东莞市的定居意愿最高，可能与东莞市制造业对劳动力的需求较高有关。

表 4.5　　　城市规模与定居意愿：分城市群 Ivprobit 估计边际效应值

变量	（1）京津冀	（2）长三角	（3）珠三角	（4）其他
lnpopc	- 0.809 ***	- 0.306 **	1.277 ***	- 0.738 ***
	(0.126)	(0.126)	(0.379)	(0.0999)
lnpopcsq	0.0704 ***	0.0269 ***	- 0.120 ***	0.0757 ***
	(0.0104)	(0.0102)	(0.0356)	(0.00996)
控制变量	Yes	Yes	Yes	Yes
Wald test （chi2）	42.65	141.93	20.51	112.67
N	15005	20234	11153	74628
拐点值	312.85	295.22	204.55	130.91

注：表中为 Ivprobit 估计的边际效应值，括号中为稳健标准误，** 和 *** 分别表示在 5% 和 1% 的显著性水平上显著。控制变量与表 4.3 回归（5）各控制变量相同，涵盖个体特征、家庭特征、流动特征和流出地特征。工具变量第一阶段估计结果显示工具变量与内生解释变量相关，工具变量满足相关性要求。

除按照地区、城市群分样本估计外，我们按照农民工技能分样本估计。参照已有研究，我们按照受教育程度，把农民工分为高技能、中等技能和低技能群体。文化程度为大专及以上的为高技能，高中或中专为中等技能，初中及以下文化程度为低技能。按技能分样本 Ivprobit 估计边际效应值见表 4.6。城市规模对数值一次项为负，平方项为正，表明随着城市规模的扩张，各种技能农民工的定居意愿先减小后增加，呈"U"形，定居意愿最低的城市人口在 150 万人左右。按技能分样本回归的估计结果与全样本结果基本一致。

表 4.6　　城市规模与定居意愿：按技能分样本 Ivprobit 估计边际效应值

变量	（1）低技能	（2）中等技能	（3）高技能
lnpopc	- 0.296 ***	- 0.411 ***	- 0.359 **
	(0.0517)	(0.0967)	(0.155)
lnpopcsq	0.0289 ***	0.0416 ***	0.0377 ***
	(0.00459)	(0.00858)	(0.0137)
控制变量	Yes	Yes	Yes
Wald test （chi2）	57.79	19.36	19.59

续表

变量	(1) 低技能	(2) 中等技能	(3) 高技能
N	83422	27295	10303
拐点值	167.52	139.76	116.89

注：表中为 Ivprobit 估计的边际效应值，括号中为稳健标准误，** 和 *** 分别表示在 5% 和 1% 的显著性水平上显著。控制变量与表 4.3 回归（5）各控制变量相同，涵盖个体特征、家庭特征、流动特征和流出地特征。工具变量第一阶段估计结果显示工具变量与内生解释变量相关，工具变量满足相关性要求。

四、稳健性检验

下文将从四个方面对上述回归进行稳健性检验：（1）去除定居意愿选择"没想好"的样本，只保留确定性选择样本；（2）使用分类变量而不是市辖区人口数表示城市规模；（3）城市规模变量用户籍人口数而不是常住人口数代理；（4）工具变量改为 1990 年城市市辖区人口数及其平方项。

"是否在本地长期居住（5 年以上）"有三个选项："打算""不打算""没想好"。由于"没想好"代表着不确定选择，有可能在此地定居，也可能未来离开，之前我们把"没想好"归为不具有定居意愿，混淆了"不打算"和"没想好"的区别。为检验结果的稳健性，我们把选择"没想好"的样本删除，只保留确定性选择样本，估计结果见表 4.7。回归（1）~回归（4）包括城市规模的一次项和平方项，回归（4）中城市规模的两个变量都不显著，因此回归（5）只加入了城市规模的一次项。回归（5）外生性 Wald 检验表明，城市规模并不是内生解释变量，因此回归（6）给出了 Probit 估计的边际效应值。除高技能农民工外，随着城市规模的增加，农民工定居意愿先减小后增加，呈"U"形，处于拐点值的城市规模与表 4.6 类似。城市规模越大，高技能农民工定居意愿越强，与包括不确定选择的估计结果略有差异。但总的来看，去掉不确定性选择的估计结果与之前的估计结果相近，证明了估计的稳健性。

表 4.7　　　　　　　　只包括确定性选择样本的边际效应值

变量	（1） 全样本 Ivprobit	（2） 低技能 Ivprobit	（3） 中等技能 Ivprobit	（4） 高技能 Ivprobit	（5） 高技能 Ivprobit	（6） 高技能 Probit
ln*popc*	-0.359***	-0.291***	-0.598***	-0.291	0.0786***	0.0107***
	(0.0629)	(0.0744)	(0.144)	(0.228)	(0.0218)	(0.00326)
ln*popcsq*	0.0371***	0.0301***	0.0587***	0.0332		
	(0.00558)	(0.00660)	(0.0128)	(0.0202)		
控制变量	Yes	Yes	Yes	Yes	Yes	Yes
Wald test（*chi2*）	33.91	19.08	17.08	11.31	2.65	—
N	84513	57998	18749	7766	7766	7766
拐点值	126.25	125.70	162.99	—	—	—

注：表中为边际效应值，括号中为稳健标准误，*** 表示在1%的显著性水平上显著。控制变量与表4.3回归（5）各控制变量相同，涵盖个体特征、家庭特征、流动特征和流出地特征。工具变量第一阶段估计结果显示工具变量与内生解释变量相关，工具变量满足相关性要求。

　　使用分类变量而不是城市常住人口数表示城市规模的 Probit 估计边际效应值见表4.8。从表4.8的估计结果来看，城市规模越大，农民工定居意愿越高。农民工在大城市的定居意愿比中小城市高1.3%，在特大城市的定居意愿比中小城市高5.22%。按技能分组的结果均表明城市规模越大，农民工定居意愿越高。使用分类变量表示城市规模的估计结果与之前回归结果反映出的问题基本一致，农民工定居意愿具有明显的大城市倾向。

表 4.8　　　使用分类变量表示城市规模的 **Probit** 估计边际效应值

变量	（1） 全样本	（2） 低技能	（3） 中等技能	（4） 高技能
big	0.0130***	0.0104***	0.00380	0.0260**
	(0.00315)	(0.00374)	(0.00669)	(0.0112)
megacity	0.0522***	0.0432***	0.0459***	0.0402***
	(0.00413)	(0.00497)	(0.00875)	(0.0142)
控制变量	Yes	Yes	Yes	Yes
N	121020	83422	27295	10303
Pseudo R^2	0.0875	0.0896	0.1031	0.0934

注：表中为 Probit 估计的边际效应值，括号中为稳健标准误，** 和 *** 分别表示在5%和1%的显著性水平上显著。以中小城市为参照，*big* 和 *megacity* 分别表示大城市和特大城市。控制变量与表4.3回归（5）各控制变量相同，涵盖个体特征、家庭特征、流动特征和流出地特征。

第三个稳健性检验使用城市户籍人口数作为城市规模的代理变量。尽管以市辖区常住人口数表示城市规模比较普遍，但考虑到工具变量使用的是1964年城市户籍人口数，使用2015年各城市户籍人口作为城市规模的代理变量，就统一了工具变量和内生解释变量的统计口径。以户籍人口数作为城市规模代理变量的 Ivprobit 估计边际效应值见表4.9。以户籍人口数作为城市规模的代理变量，其估计结果与以常住人口作为城市规模代理变量的估计结果一致，随着城市规模的扩张，定居意愿先减小后增加，呈"U"形。由表4.9计算的定居意愿最小的城市规模拐点在180万左右，大于以常住人口计算的拐点。尽管估计结果略有差异，但城市规模的两个代理变量对定居意愿的影响表现出相似的形态。

表4.9　以户籍人口数作为城市规模代理变量的 Ivprobit 估计边际效应值

变量	(1) 全样本	(2) 低技能	(3) 中等技能	(4) 高技能
lnpop	-0.454 *** (0.0595)	-0.392 *** (0.0704)	-0.521 *** (0.135)	-0.558 *** (0.211)
ln$popsq$	0.0438 *** (0.00521)	0.0370 *** (0.00617)	0.0504 *** (0.0118)	0.0547 *** (0.0184)
控制变量	Yes	Yes	Yes	Yes
Wald test（chi2）	41.39	40.43	11.49	5.73
N	117390	81087	26216	10087
拐点值	178.15	199.80	175.68	164.11

注：表中为 Ivprobit 估计的边际效应值，括号中为稳健标准误，*** 表示在1%的显著性水平上显著。控制变量与表4.3回归（5）各控制变量相同，涵盖个体特征、家庭特征、流动特征和流出地特征。工具变量第一阶段估计结果显示工具变量与内生解释变量相关，工具变量满足相关性要求。

除以上稳健性检验外，我们也考虑更换工具变量对回归结果的影响，使用1990年城市市辖区人口数作为城市规模的工具变量。20世纪80年代末，伴随着农村剩余劳动力向城市流动限制的全面解除，大量农民工进入城市，因此选择1990年城市市辖区人口数作为2015年城市规模的工具变量有其合理性。新的估计结果见表4.10。第一阶段的估计结果显示，新的工具变量与内生解释变量相关，回归系数显著不为零，表明新的工具变量满足相关性要求。从表4.10的估计结果看，改变工具变量后，除高技能农民工外，城市规模与农民工定居意愿依然呈"U"形，随着城市规模的扩大，农民工定居意愿先减小后增大。城市规模与高技能农民工定居意愿正相关，高技能农民工在大城市的定居意愿高于中小城市。尽管略有差异，但更换工具变量的估计结果与之前的估计类似，证明了回归结果的稳健性。

表 4.10　以 1990 年市辖区人口数作为工具变量的 Ivprobit 估计边际效应值

变量	（1）全样本	（2）低技能	（3）中等技能	（4）高技能	（5）高技能
lnpopc	− 0. 207 ***	− 0. 207 ***	− 0. 268 ***	− 0. 0680	0. 0821 ***
	(0. 0369)	(0. 0443)	(0. 0798)	(0. 130)	(0. 0151)
lnpopcsq	0. 0231 ***	0. 0217 ***	0. 0298 ***	0. 0136	
	(0. 00328)	(0. 00394)	(0. 00711)	(0. 0115)	
控制变量	Yes	Yes	Yes	Yes	Yes
Wald test（chi2）	35. 04	30. 43	24. 66	28. 25	17. 26
N	121020	83422	27295	10303	10303
拐点值	88. 28	117. 87	89. 72	—	—

注：表中为 Ivprobit 估计的边际效应值，括号中为稳健标准误，*** 表示在 1% 的显著性水平上显著。控制变量与表 4.3 回归（5）各控制变量相同，涵盖个体特征、家庭特征、流动特征和流出地特征。

第二节　城市规模与农民工户籍迁移意愿

一、引言

本章第一节研究城市规模对农民工长期定居意愿的影响，研究发现，随着城市规模的增大，农民工定居意愿先减小后增加，但不同地区、不同城市群、不同技能农民工之间存在明显差异。定居意愿是农民工市民化意愿的一个层次，从居住地选择角度表达市民化诉求。户籍迁移意愿则从户籍转换的角度对市民化意愿进行界定。户籍迁移意愿与定居意愿有十分紧密的联系，那些愿意在务工城市居住的农民工往往具有较高的户籍迁移意愿，愿意放弃农村户籍而把户口迁入所在城市。但两者又不完全一致，随着附着在土地上的农村户籍吸引力的增强，以及城市在就业、子女教育、社会保险等方面对非本市户籍人员保障范围的增大，选择在城市长期定居的农民工比例大于户籍迁移比例（Chen 和 Fan，2016）。研究城市规模与农民工户籍迁移意愿之间的关系是对城市规模与农民工市民化意愿的必要考量，具有重要的现实意义。

二、数据、变量及描述性统计

2014 年《国务院关于进一步推进户籍制度改革的意见》发布，随后全国各省（自治区、直辖市）相继进行了户籍制度改革，传统的农业户口和非农业户口统一变成居民户口。近几年流动人口动态监测调查数据没有涉及流动人口户籍迁移问题，流动人口调查数据涉及户籍迁移意愿的最近年份是 2012 年，因此本节数据来自 2012 年全国流动人口动态监测调查。本次调查在全国 31 个省（自治区、直辖市）以及新疆生产建设兵团对在流入地居住 1 个月以上、非本区（县、市）户口的 15～59 周岁流动人口进行调查。考虑到本节研究内容是城市规模对农民工户籍迁移意愿的影响，我们删除了流入地为新疆生产建设兵团的样本，只保留流入地为市辖区的农民工数据。由于缺失西藏城市层级数据，因此我们删除了流入地为西藏的样本，最终保留的农民工样本量共计 92987 个。

本节被解释变量为户籍迁移意愿，2012 年流动人口动态监测数据对应的问题是"如果没有任何限制，您是否愿意把户口迁入本地？"选择"愿意"的赋值为 1，选择"不愿意"和"没想好"的赋值为 0。表 4.11 显示，愿意把户口迁入务工城市的占 51.5%，低于表 4.1 中定居意愿的占比①。市民化意愿两个指标均值的差异说明，一部分愿意在流入地定居的农民工未必愿意把户口迁移到所在城市，户籍的迁移有更多的考量因素。

表 4.11 各变量描述性统计

变量	变量具体含义	观测值	均值	标准差	最小值	最大值
willing	户籍迁移意愿	92987	0.515	0.5	0	1
lnpopc2012	人口规模对数值	92987	5.555	1.32	2.551	7.79
male	男性	92987	0.517	0.5	0	1

① 表 4.1 中，愿意在流入地长期定居的比例为 58.1%，定居意愿的均值比户籍迁移意愿高近 7 个百分点。

74

变量	变量具体含义	观测值	均值	标准差	最小值	最大值
age	年龄	92987	33.23	9.179	15	60
education	受教育程度					
junior	初中及以下	92987	0.733	0.442		
senior	高中或中专	92987	0.216	0.412	0	1
college	大专及以上	92987	0.051	0.219	0	1
marriage	已婚	92987	0.782	0.413	0	1
florage	跨省流动	92987	0.523	0.499	0	1
flolong	流动时长	92987	5.311	4.554	1	42
lcdqy	流出地区域					
east	东部地区	92987	0.241	0.428	0	1
midland	中部地区	92987	0.396	0.489	0	1
west	西部地区	92987	0.301	0.459	0	1
northeast	东北地区	92987	0.064	0.244	0	1

核心解释变量城市规模以 2012 年市辖区常住人口数衡量，该数据来自《中国城市建设统计年鉴（2013）》。城区人口数最少的还不足 13 万人，如甘肃省陇南市和云南省丽江市城区人口数分别只有 12.82 万人和 12.98 万人。城区人口最多的上海市超过 2000 万人。

控制变量包括个体特征、流动特征和流出地特征三类。个体特征包括性别、年龄、受教育程度和婚姻状况，流动特征包括流动范围和流动时长两个变量，流出地特征为流出地所属区域的虚拟变量。

个体特征方面，男性农民工占 51.7%，略高于女性占比。Xiang（2015）研究发现，中国农村女性比男性更倾向于转移户籍，除了城市升学、招工等传统途径外，农村户籍女性也可以通过与城市户籍男性成婚完成户籍迁移。调查样本年龄的均值为 33 岁，年龄对农民工户籍迁移意愿的影响可能是二次型的，年龄较小和年龄较大的农民工户籍迁移意愿预计都小于中等年龄者。相比于农村户籍，城市户籍所附带的教育、医疗等公共服务水平较高，很大一部分具有户籍迁移意愿的农民工，其迁移的初衷正是为了子女能够接受更好的教育，年龄较小和年龄较大的农民工不存在子女教育的考量，因此户籍迁移意愿可能低于中等年龄者。表 4.11 显示高中及以上学历样本只占总样本的 26.7%，说明农民工受教育水平普遍较低。受教育程度预计影响户籍迁移意愿，但目前还无法预测影响的方向，需要后面的实证分析予以考察。78.2% 的样本是已婚者，考虑到整个家庭尤其是子女的利益，已婚者的户籍迁移意愿可能高于未婚者，但这些预测都需要进一步的实证检验。

流动特征包含两个变量：流动范围和流动时长。按照流出地和流入地行政省份是否一致，我们把流动范围分为跨省流动和省内流动，表 4.11 显示 2012 年跨省流动占全部农民工样本的 52.3%，省内流动占 47.7%。宁光杰和李瑞（2016）使用 2014 年流动人口动态监测数据，研究了流动范围对市民化意愿的影响，发现跨省流动的市民化意愿低于省内跨市和市内跨县，原因在于跨省的迁移成本和融入成本高于省内流动。表 4.11 显示农民工平均在流入地待了 5.31 年。总体来看，农民工流动特征较为稳定。流动时长影响户籍迁移意愿，我们认为农民工在流入地待的时间越长，户籍迁移意愿越高。

流出地特征变量为流出地所属区域虚拟变量，表 4.11 显示 2012 年来自中部地区的农村流动人口占比最多，接近 40%；来自西部地区的农民工占 30% 左右；来自东部地区的农民工占 24%；来自东北地区的农民工占 6.4%。

三、城市规模影响户籍迁移意愿的实证分析

（一）城市规模影响户籍迁移意愿 Probit 估计结果

由于户籍迁移意愿是二值变量，我们首先使用 Probit 估计城市规模对户籍迁移意愿的影响，Probit 边际效应值见表 4.12。回归（1）只包括城市规模及城市规模的平方项，回归（2）在回归（1）的基础上加入了代表个体特征的变量，回归（3）在回归（2）的基础上加入了代表流动特征的变量，回归（4）在回归（3）的基础上加入了代表流出地特征的变量。

表 4.12　城市规模与户籍迁移意愿：Probit 估计边际效应值

变量	(1)	(2)	(3)	(4)
ln*popc*2012	−0.197***	−0.196***	−0.170***	−0.174***
	(0.00917)	(0.00917)	(0.00933)	(0.00934)
ln*popcsq*2012	0.0249***	0.0247***	0.0222***	0.0224***
	(0.000805)	(0.000805)	(0.000830)	(0.000831)
male		−0.0100***	−0.00829***	−0.00841***
		(0.00322)	(0.00319)	(0.00319)
age		0.00768***	0.00488***	0.00462***
		(0.00141)	(0.00140)	(0.00139)
agesq		−9.99e−05***	−8.92e−05***	−8.69e−05***
		(1.92e−05)	(1.90e−05)	(1.90e−05)
senior		0.0336***	0.0320***	0.0312***
		(0.00401)	(0.00398)	(0.00398)
college		0.0932***	0.0926***	0.0884***
		(0.00740)	(0.00734)	(0.00736)
marriage		0.0368***	0.0368***	0.0384***
		(0.00562)	(0.00555)	(0.00555)
florage			−0.0215***	−0.0161***
			(0.00346)	(0.00348)
flolong			0.0144***	0.0140***
			(0.000378)	(0.000378)
midland				−0.0485***
				(0.00411)
west				−0.0512***
				(0.00440)
northeast				0.0526***
				(0.00692)
N	92987	92987	92987	92987
Pseudo R^2	0.0427	0.0455	0.0571	0.0599
拐点值	52.24	52.86	46.01	48.61

注：表中为 Probit 估计的边际效应值，括号中为稳健标准误，*** 表示在 1% 的显著性水平上显著。受教育程度以初中及以下为参照，流出地所属区域以东部地区为参照。

从 Probit 边际效应值看，城市规模一次项为负，平方项为正。与对定居意愿的影响类似，农村流动人口户籍迁移意愿随城市规模的增加先减小后增加，呈"U"形。大城市就业机会多，收入水平高，公共服务水平相比中小城市完善得多，在教育、医疗、文化等方面具有无可比拟的优势，农村流动人口倾向于把户籍迁入此类大城市符合我们的预期。人口规模小的城市生活成本低，落户难度小，尤其是家乡所在地小城市和小城镇对农民工吸引力也很高，他们在这类小城市的户籍迁移意愿自然不低，反而是那些中等规模的城市，既不具有大城市的规模优势，也不具有小城市和小城镇的成本优势，农民工户籍迁移意愿最低。

从个体特征来看，与预期相符，男性户籍迁移意愿小于女性。农村女性更愿意把户口迁往流入地城市，可能有两个方面的原因：一是传统观念男性负有家族继承和传承的责任，女性在思想上所受约束较小，其更可能被城市吸引，选择迁移户籍。二是城市婚姻市场有利于农村女性，不利于农村男性。女性更可能选择与城市男性结婚从而实现户籍迁移，农村男性与城市女性的婚配要困难得多，因此女性农民工户籍迁移意愿高于男性。年龄的一次项为正，平方项为负，表明随着年龄的增长，户籍迁移意愿先增加后减小。年纪小的农民工就业还不稳定，没有家庭顾虑，其更可能选择在不同城市间循环流动，由此降低了其在流入城市的户籍迁移意愿。年龄大的农民工对家乡土地、房屋等的牵挂更多，子女可能早已成家立业，子女教育等问题不需要考虑，因此年龄大的农民工户籍迁移意愿也不高。中等年龄的农民工，一方面，就业较为稳定，收入普遍较高，有在城市落户的经济基础；另一方面，可能也会考虑家庭其他成员的利益，选择把户口迁入所在城市①。教育程度越高，户籍迁移意愿越大。教育程度越高，意味着人力资本水平越高，城市人力资本投资回报高于农村，而且现实中，各城市对高人力资本水平的外来人口的落户条件较为宽松，这些因素决定了教育程度越高的农民工户籍迁移意愿越高。已婚者户籍迁移意愿高于未婚者。已婚者在做户籍迁移决策时会考虑配偶、子女等家庭其他成员的诉求而选择把户口迁往所在城市，因此户籍迁移意愿较高。

---

① Chen 和 Fan（2016）的研究表明，农村流动人口户籍迁移的首要原因是子女教育，占所有迁移原因的比例为48.9%。

从流动特征看，跨省流动的户籍迁移意愿低于省内流动 1.61～2.15 个百分点，这符合我们的预期。跨省流动的户籍迁移成本和融入成本都高于省内流动，对农民工在省外城市落户形成了阻碍。在流入地的时间每增加 1 年，农民工户籍迁移意愿提高 1.4 个百分点。只有就业稳定、收入稳定并认同所在城市文化的农民工才会在一个城市待较长时间，因此流动时长对户籍迁移意愿的影响可能存在选择效应[①]。

从流出地区域看，来自中西部地区的农民工的户籍迁移意愿低于东部地区，来自东北地区的农民工的户籍迁移意愿高于东部地区。东北地区农民工流向全国其他地区并且具有较高的户籍迁移意愿，这与上一节对定居意愿的研究一致，符合我们的预期。来自中西部地区的农民工的户籍迁移意愿较低，可能是因为中西部地区农民工主要流向东部地区，东西部之间的巨大差异导致融入成本较高，降低了其户籍迁移意愿。

（二）城市规模影响户籍迁移意愿 Ivprobit 估计结果

表 4.13 的估计结果没有考虑城市规模的内生性。上一节已经详细解释了城市规模可能存在的内生性，此处不再赘述。本节使用 1964 年第二次人口普查的各城市市辖区人口数作为 2012 年城市规模的工具变量，Ivprobit 估计的边际效应值见表 4.13。对解释变量外生性进行 Wald 检验可以发现，回归(1)～回归(4)均在 1% 的显著性水平上拒绝城市规模外生变量的原假设，说明城市规模是内生解释变量。为了得到可信的估计结果，我们需要对解释变量的内生性予以解决。第一阶段估计结果显示，工具变量（1964 年城市人口数及其平方项）系数均在 1% 的显著性水平上显著，表明工具变量满足相关性要求。

表 4.13　城市规模与户籍迁移意愿：Ivprobit 估计边际效应值

变量	（1）	（2）	（3）	（4）
ln$popc$2012	-0.563***	-0.557***	-0.531***	-0.537***
	(0.0400)	(0.0401)	(0.0415)	(0.0417)
ln$popcsq$2012	0.0704***	0.0699***	0.0675***	0.0670***
	(0.00345)	(0.00346)	(0.00363)	(0.00365)

---

① 本章主要研究城市规模对户籍迁移意愿的影响，流动时长只是作为控制变量加入回归方程，因此本章没有展开对选择效应的分析。

续表

变量	（1）	（2）	（3）	（4）
male		− 0.0254 ***	− 0.0203 **	− 0.0216 **
		(0.00850)	(0.00855)	(0.00856)
age		0.0204 ***	0.0134 ***	0.0127 ***
		(0.00370)	(0.00373)	(0.00373)
agesq		− 0.000266 ***	− 0.000243 ***	− 0.000237 ***
		(5.04e − 05)	(5.07e − 05)	(5.08e − 05)
senior		0.0880 ***	0.0843 ***	0.0835 ***
		(0.0106)	(0.0107)	(0.0107)
college		0.245 ***	0.244 ***	0.236 ***
		(0.0200)	(0.0201)	(0.0202)
marriage		0.0971 ***	0.0985 ***	0.103 ***
		(0.0148)	(0.0148)	(0.0148)
florage			− 0.0771 ***	− 0.0544 ***
			(0.00955)	(0.00960)
flolong			0.0377 ***	0.0372 ***
			(0.00103)	(0.00103)
midland				− 0.127 ***
				(0.0111)
west				− 0.133 ***
				(0.0118)
northeast				0.149 ***
				(0.0190)
Wald test（chi2）	61	66.96	66.25	22.01
N	92987	92987	92987	92987
拐点值	54.52	53.75	51.08	55.01

注：表中为 Ivprobit 估计的边际效应值，括号中为稳健标准误，** 和 *** 分别表示在 5% 和 1% 的显著性水平上显著，受教育程度以初中及以下为参照，流出地所属区域以东部地区为参照。

表 4.13 的估计结果显示，城市规模的一次项为负，平方项为正，随着城市规模的不断提高，农民工户籍迁移意愿先减小后增加，呈"U"形。户籍迁移意愿极小值出现在人口 50 万左右的城市。个体特征变量都通过了显著性水平检验，与 Probit 估计结果一致，男性户籍迁移意愿比女性低；年龄较小以及年龄较大的农民工的户籍迁移意愿低于中等年龄者；提高受教育程度能够提高农民工的户籍迁移意愿；已婚者户籍迁移意愿高于未婚者。流动特征的两个变量流动范围和流动时长，其影响方向以及回归系数的显著性与表 4.12 一致，边际效应的绝对值有所增加。从流出地所属区域看，

来自中西部地区的农民工的户籍迁移意愿低于东部地区，来自东北地区的农民工的户籍迁移意愿高于东部地区，地区之间差异明显。

（三）城市规模影响户籍迁移意愿分样本估计结果

我们把全国分成东部地区、中部地区、西部地区和东北地区四个区域，分地区 Ivprobit 估计结果见表 4.14。由于回归（2）中，城市规模的一次项和平方项都不显著，考虑到中部地区城市规模与农民工户籍迁移意愿可能不存在二次型关系，回归（5）给出了只加入城市规模一次项的估计结果。从回归结果看，各地区之间差异明显。控制住个体特征、流动特征及流出地特征变量后，城市规模及其平方项对不同区域农民工的户籍迁移意愿都产生了影响，但影响方向和力度有较大差异。东部地区城市规模的一次项和平方项均比较显著，拐点的人口规模只有 6.67 万人。样本中，所有东部城市人口规模都超过该拐点，意味着东部地区城市规模越大，农民工户籍迁移意愿越高。尽管回归（2）中，中部地区城市规模及其平方项不显著，但回归（5）的结果表明，中部地区城市规模与农民工户籍迁移意愿正相关。流入西部地区和东北地区的农民工，随着城市规模的增加，其户籍迁移意愿先增加后减小，呈倒"U"形，拐点值人口规模分别为 71.63 万人和 121.57 万人，回归结果表明，西部和东北地区大城市对农民工户籍迁移的吸引力并不强。

表 4.14　城市规模与户籍迁移意愿：分地区 Ivprobit 估计边际效应值

变量	（1）东部地区	（2）中部地区	（3）西部地区	（4）东北地区	（5）中部地区
$lnpopc2012$	-0.137* (0.0798)	-0.0426 (0.319)	0.258* (0.135)	3.994*** (0.355)	0.227*** (0.0133)
$lnpopcsq2012$	0.0361*** (0.00656)	0.0271 (0.0319)	-0.0302** (0.0134)	-0.416*** (0.0370)	
控制变量	Yes	Yes	Yes	Yes	Yes
$Wald\ test$（chi2）	69.95	19.94	13.61	165.91	46.96
N	44899	18086	23870	6132	18086
拐点值	6.67	—	71.63	121.57	—

注：表中为 Ivprobit 估计的边际效应值，括号中为稳健标准误，*、** 和 *** 分别表示在 10%、5% 和 1% 的显著性水平下显著。控制变量与表 4.13 回归（4）各控制变量相同，涵盖个体特征、流动特征和流出地特征变量。工具变量第一阶段估计结果显示工具变量与内生解释变量相关，工具变量满足相关性要求。

我们按照流入地城市所属城市群，把样本城市分为京津冀城市群、长三角城市群、珠三角城市群以及其他，各城市群分样本 Ivprobit 估计结果见表 4.15。京津冀城市群农民工户籍迁移意愿随城市规模的增加先减小后增加，拐点为人口 80 万左右的城市，如张家口、秦皇岛和邢台等市。回归（2）中，城市规模的一次项和平方项都通过了 1% 的显著性检验，但拐点为 2.02 万人，没有一个城市位于拐点右侧，因此长三角城市群城市规模越大，农民工户籍迁移意愿越高。珠三角城市群城市规模的一次项为正，平方项为负，户籍迁移意愿随着城市规模的增加先增加后减小。珠三角城市群城市常住人口的拐点值达到 735.42 万人，在全部 14 个城市中，只有深圳市位于拐点右侧。除深圳市外，珠三角城市群农民工户籍迁移意愿随城市规模的扩张而提高。三大城市群以外的其他城市，农民工户籍迁移意愿随城市规模的增加先增加后减小，其拐点值为 217.26 万人。按城市群对样本城市进行分类可以发现，各城市群差异明显。

表 4.15　城市规模与户籍迁移意愿：分城市群 Ivprobit 估计边际效应值

变量	（1）京津冀	（2）长三角	（3）珠三角	（4）其他
ln*popc*2012	－0.942***(0.185)	0.698***(0.163)	3.023***(0.419)	0.706***(0.124)
ln*popcsq*2012	0.107***(0.0150)	－0.0352***(0.0130)	－0.229***(0.0338)	－0.0656***(0.0125)
控制变量	Yes	Yes	Yes	Yes
Wald test（chi2）	99.2	33.23	71.53	14.17
N	8613	19898	9458	55018
拐点值	81.60	20226.98	735.42	217.26

注：表中为 Ivprobit 估计的边际效应值，括号中为稳健标准误，*** 表示在 1% 的显著性水平上显著。控制变量与表 4.13 回归（4）各控制变量相同，涵盖个体特征、流动特征和流出地特征变量。工具变量第一阶段估计结果显示工具变量与内生解释变量相关，工具变量满足相关性要求。

我们按技能对农民工进行分类，初中及以下为低技能，高中或中专为中等技能，大专及以上为高技能。分技能估计边际效应值见表 4.16。由于回归（3）和回归（4）中，高技能农民工外生性 Wald 检验表明不存在严重的内生性，回归（5）给出了 Probit 估计的边际效应值。无论是中低技能农民工还是高技能农民工，户籍迁移意愿均随城市规模的增加先减小后增加，拐点值城市规模介于人口 30 万～60 万，主要位于中小城市行列，表明农民工更愿意把户籍迁往大城市。

表 4.16　　　　城市规模与户籍迁移意愿：分技能估计边际效应值

变量	（1） 低技能 Ivprobit	（2） 中等技能 Ivprobit	（3） 高技能 Ivprobit	（4） 高技能 Ivprobit	（5） 高技能 Probit
ln*popc*2012	-0.545 *** (0.0479)	-0.581 *** (0.0948)	-0.276 (0.194)	0.217 *** (0.0220)	-0.119 *** (0.0444)
ln*popcsq*2012	0.0675 *** (0.00420)	0.0720 *** (0.00827)	0.0436 *** (0.0167)		0.0171 *** (0.00390)
控制变量	Yes	Yes	Yes	Yes	Yes
Wald test（*chi*2）	16.63	7.01	0.59	1.41	—
N	68178	20100	4709	4709	4709
拐点值	56.66	56.53	—	—	32.44

注：表中为相应估计的边际效应值，括号内为稳健标准误，*** 表示在 1% 的显著性水平上显著。控制变量与表 4.13 回归（4）各控制变量相同，涵盖个体特征、流动特征和流出地特征变量。工具变量第一阶段估计结果显示工具变量与内生解释变量相关，工具变量满足相关性要求。

四、稳健性检验

参照本章第一节城市规模对农民工定居意愿的影响，下文将从四个方面进行稳健性检验。第一，去除户籍迁移意愿选择"没想好"的样本，只保留确定性选择个体。第二，使用分类变量表示城市规模。第三，使用 2012 年各城市户籍人口数替代常住人口数作为城市规模的代理变量。第四，城市规模的工具变量改为 1990 年各城市市辖区人口数。四个稳健性检验分别从样本选取、指标替换、改变工具变量三个方面进行。

如果删除户籍迁移意愿选择"没想好"的样本，只包括确定性选择样本，样本的个数减少至 69654，表 4.17 列出了相应估计的边际效应值。回归（4）外生性 Wald 检验表明不存在严重的内生性，因此回归（5）和回归（6）为 Probit 估计结果。回归（5）中，城市规模的一次项不显著，说明不存在二次型关系，于是回归（6）只列出了城市规模一次项的估计结果。去除不确定选择样本，全样本、中低技能农民工务工城市规模与户籍迁移意愿表现的形态与之前的估计基本一致，拐点值也没有发生太大变化，证明了估计结果的稳健性。尽管高技能农民工的户籍迁移意愿随城市规模的增加而逐渐增加（见表4.17），与表4.16略有差异，但考虑到表4.16的拐点值为32.44，绝大部分农民工务工城市规模都处于拐点值的右侧，可见农民工户籍迁移意愿的大城市偏向相当明显。

表4.17　　　　　只包括确定性选择样本的 Ivprobit 估计边际效应值

变量	（1） 全样本 Ivprobit	（2） 低技能 Ivprobit	（3） 中等技能 Ivprobit	（4） 高技能 Ivprobit	（5） 高技能 Ivprobit	（6） 高技能 Probit
$lnpopc2012$	− 0.599 ***	− 0.636 ***	− 0.582 ***	− 0.149	− 0.0665	0.0602 ***
	（0.0491）	（0.0563）	（0.114）	（0.232）	（0.0422）	（0.00576）
$lnpopcsq2012$	0.0728 ***	0.0758 ***	0.0713 ***	0.0346 *	0.0114 ***	
	（0.00430）	（0.00493）	（0.00991）	（0.0201）	（0.00375）	
控制变量	Yes	Yes	Yes	Yes	Yes	Yes
Wald test（chi2）	21.08	18.45	7.23	0.71	—	—
N	69654	51164	14869	3621	3621	3621
拐点值	61.19	66.37	59.23	—	—	—

注：表中为相应估计的边际效应值，括号中为稳健标准误，* 和 *** 分别表示在10%和1%的显著性水平上显著。控制变量与表4.13回归（4）各控制变量相同，涵盖个体特征、流动特征和流出地特征变量。工具变量第一阶段估计结果显示工具变量与内生解释变量相关，工具变量满足相关性要求。

　　使用分类变量表示城市规模、以中小城市为参照的 Probit 估计边际效应值见表4.18。城市规模越大，户籍迁移意愿越高，农民工在特大城市的户籍迁移意愿高于一般城市，在大城市的户籍迁移意愿高于中小城市。按技能分样本估计，无论是中低技能农民工还是高技能农民工，都表现出明显的大城市倾向。使用分类变量表示城市规模没有改变模型的基本结论，回归结果是稳健的。

表 4.18　　使用分类变量表示城市规模的 Probit 估计边际效应值

变量	(1) 全样本	(2) 低技能	(3) 中等技能	(4) 高技能
big	0.0873 ***	0.0859 ***	0.0808 ***	0.121 ***
	(0.00405)	(0.00467)	(0.00884)	(0.0200)
megacity	0.243 ***	0.238 ***	0.248 ***	0.239 ***
	(0.00475)	(0.00554)	(0.0102)	(0.0227)
控制变量	Yes	Yes	Yes	Yes
N	92987	68178	20100	4709
Pseudo R²	0.0476	0.047	0.0507	0.0553

注：表中为 Probit 估计的边际效应值，括号中为稳健标准误，*** 表示在 1% 的显著性水平下显著。以中小城市为参照，*big* 和 *megacity* 分别表示大城市和特大城市。控制变量与表 4.13 回归（4）各控制变量相同，涵盖个体特征、流动特征和流出地特征变量。

我们以市辖区户籍人口数而不是常住人口数作为城市规模的代理变量，新的 Ivprobit 估计边际效应值见表 4.19。四个回归方程外生性 Wald 检验都表明城市规模是内生解释变量，需要使用工具变量法缓解内生性。我们使用新的城市规模代理变量，回归（1）~回归（4）都表明随着城市规模的增加，户籍迁移意愿先减小后增加，呈"U"形，拐点处城市人口约为 100 万人。当城市户籍人口超过拐点值时，随着城市规模的扩大，户籍迁移意愿开始提高。由于低技能农民工占全体农民工的 73.32%[①]，全样本城市规模的拐点值与低技能农民工拐点值相近。替换城市规模代理变量，并没有使回归结果发生显著改变，模型的估计结果是稳健的。

表 4.19　　以户籍人口数作为城市规模代理变量的 Ivprobit 估计边际效应值

变量	(1) 全样本	(2) 低技能	(3) 中等技能	(4) 高技能
ln*pop*2012	−1.198 ***	−1.194 ***	−1.342 ***	−0.906 ***
	(0.0619)	(0.0705)	(0.147)	(0.285)
ln*popsq*2012	0.128 ***	0.127 ***	0.140 ***	0.100 ***
	(0.00544)	(0.00621)	(0.0129)	(0.0249)

---

① 去除户籍迁移意愿选择"没想好"的样本，低技能农民工占 73.45%；包括选择"没想好"的样本，低技能农民工占 73.32%。

变量	(1) 全样本	(2) 低技能	(3) 中等技能	(4) 高技能
控制变量	Yes	Yes	Yes	Yes
Wald test（*chi2*）	619.51	477.15	120.24	38.29
N	92987	68178	20100	4709
拐点值	107.74	110.03	120.65	92.76

注：表中为 Ivprobit 估计的边际效应值，括号中为稳健标准误，*** 表示在 1% 的显著性水平上显著。控制变量与表 4.13 回归（4）各控制变量相同，涵盖个体特征、流动特征和流出地特征变量。工具变量第一阶段估计结果显示工具变量与内生解释变量相关，工具变量满足相关性要求。

第四个稳健性检验把工具变量改为 1990 年各城市市辖区人口数，Ivprobit 估计结果见表 4.20。回归（1）~ 回归（4）内生性 Wald 检验卡方值都大于临界值，表明城市规模是内生解释变量，需要使用工具变量法予以解决。随着城市规模的增加，农民工户籍迁移意愿先减小后增加，呈 "U" 形。中低技能农民工拐点城市规模在 50 万人左右，高技能农民工拐点城市规模在 30 万人左右，当城市常住人口超过拐点值时，城市规模增加，农民工户籍迁移意愿逐渐提高。使用新的工具变量的估计结果与表 4.16 反映的问题基本一致，验证了回归结果的稳健性。

表 4.20　以 1990 年各城市市辖区人口数作为工具变量的 Ivprobit 估计边际效应值

变量	(1) 全样本	(2) 低技能	(3) 中等技能	(4) 高技能
ln*popc*2012	− 0.526 *** (0.0365)	− 0.526 *** (0.0416)	− 0.606 *** (0.0848)	− 0.347 * (0.183)
ln*popcsq*2012	0.0671 *** (0.00317)	0.0667 *** (0.00363)	0.0755 *** (0.00733)	0.0512 *** (0.0156)
控制变量	Yes	Yes	Yes	Yes
Wald test（*chi2*）	113.18	83.71	43.85	6.5
N	92987	68178	20100	4709
拐点值	50.38	51.57	55.33	29.63

注：表中为 Ivprobit 估计的边际效应值，括号中为稳健标准误，* 和 *** 分别表示在 10% 和 1% 的显著性水平上显著。控制变量与表 4.13 回归（4）各控制变量相同，涵盖个体特征、流动特征和流出地特征变量。工具变量第一阶段估计结果显示工具变量与内生解释变量相关，工具变量满足相关性要求。

本章小结

本章第一节研究城市规模与农民工定居意愿的关系。定居意愿是市民化意愿的体现，只有愿意在流入地长期居住的农民工才有可能在流入地实现市民化，因此定居意愿可作为市民化意愿的代理指标。城市规模影响定居意愿，一方面，特大和超大城市就业机会多，收入水平高，完善的公共产品对外来人口具有吸引力，城市规模的增加提高了农民工定居意愿；另一方面，城市规模越大，以居住成本为代表的生活成本越高，转换户籍成为当地居民的条件越苛刻，这些都不利于农民工定居意愿的提高。可见，城市规模从正反两方面影响农民工定居意愿。

第一节理论部分参照 Hunt 和 Mueller（2004）的移民定居模型，从理论上说明定居意愿主要受个人工资水平 w_{ij}、居住成本 r_j 和城市公共基础设施 a_j 等变量的影响。城市规模 s_j 的增加，提高了个人工资水平 w_{ij}、居住成本 r_j 以及城市公共基础设施 a_j。w_{ij} 和 a_j 与定居意愿正相关，r_j 与定居意愿负相关。城市规模 s_j 对定居意愿的最终影响取决于正反两个方向影响力度的大小。

第一节实证部分采用 2015 年流动人口动态监测数据，以 2015 年城市市辖区常住人口数作为城市规模的代理变量，以"是否愿意在此地长期居住（5 年以上）？"作为定居意愿的代理变量，控制住一系列反映个体、家庭、流动和流出地特征变量，实证研究城市规模与定居意愿之间的关系。缓解内生性的 Ivprobit 估计结果表明，城市规模与定居意愿之间的关系呈"U"形，定居意愿随着城市规模的增加先减小后增加，定居意愿取极小值时的市辖区常住人口数在 150 万人左右。

本章第二节研究城市规模对农民工户籍迁移意愿的影响。户籍迁移意愿与定居意愿一样，都是农民工市民化意愿的体现，户籍迁移意愿从户籍转换的角度体现农民工市民化意愿，更加直接。本节数据来自 2012 年国家卫生和计划生育委员会流动人口动态监测调查，以"如果没有任何限制，您是否愿意把户口迁入本地？"这一问题的选项为参照，将选择"打算"的认定为具有户籍迁移意愿，将选择"不打算"和"没想好"的认定为没有迁移意愿。加入一系列控制变量后，Probit 估计结果显示，随着城市规模的增加，农民工户籍迁移意愿先减小后增加，呈"U"形，在人口 50 万左右城市的户籍迁移意愿最低。

城市规模可能存在内生性，尤其是遗漏变量导致的内生性难以避免，第二节选取 1964 年第二次人口普查的各城市户籍人口数作为当前城市规模的工具变量。Ivprobit 估计结果与二元 Probit 估计结果类似，户籍迁移意愿随城市规模的增加先减小后增加，户籍迁移意愿最小值出现在人口 50 万左右的城市。个体特征、流动特征和流出地特征变量大都符合预期。

尽管存在地区、城市群以及农民工技能的异质性，无论是定居意愿还是户籍迁移意愿，农民工均具有明显的大城市偏向。大城市在就业、教育、医疗等方面具有中小城市无法比拟的优势，农民工更愿意在大城市长期定居并实现户籍转换。

第五章　城市规模与农民工市民化能力

上一章研究了城市规模对农民工市民化意愿的影响，本章研究城市规模对市民化能力的影响。市民化意愿与能力相辅相成，只有市民化意愿和能力相匹配才能顺利实现市民化。本章对市民化能力研究从两个方面进行：一方面是以相对收入衡量的市民化能力，另一方面是以城市住房自有状况衡量的市民化能力。

第一节　城市规模与相对收入

一、引言

正如第一章导论部分所言，中国政府长期以来执行对特大及超大城市人口限制政策。户籍制度改革放宽了小城镇和中小城市的落户条件，但一线城市的户口还是"一票难求"。大城市户籍管控的出发点在于决策者认为有些大城市人口规模过大，不利于城市发展。针对中国大城市规模是否过大以及对外来人口的排斥政策，很多学者提出了质疑。Au 和 Henderson（2006）使用 1990—1997 年的《中国城市统计年鉴》数据，研究发现对外来人口的限制造成中国城市整体规模偏低，大部分城市远没有达到最优规模。城市规模是否过大可以从很多方面衡量，劳动者能否从城市规模集聚中受益是其中的一个方面。有学者使用微观劳动者数据研究城市规模与就业概率（陆铭等，2012）、城市规模与个人工资（高虹，2014；王建国和李实，2015；踪家峰和周亮，2015 等）、城市规模与个人发展（张文武和张为付，2016）的关系。上述研究证实了中国城市集聚效应的存在，城市规模越大，就业概率越高，工资溢价现象越明显，个人能力越能够充分体现，这是为什么有那么多农民工流入大城市就业的重要原因，但对于市民化能力与城市规模之间的关系，尚没有学者进行深入探讨。

排除不同规模、不同等级城市落户条件的差异，农民工大城市市民化能力高还是小城市市民化能力高？对该问题的解答有助于我们认清农民工所处的现实状况，针对不同规模、不同等级城市合理制定流动人口管理政策，推动农民工市民化进程。农民工流入不同地区、不同城市群，城市规模与市民化能力之间是否存在差别？考虑到农民工内部技能差异，是不是像我们潜意识认为的那样，低技能农民工在大城市的市民化能力要比中小城市低，由此推断大城市应该聚集更多的高技能人才，为排斥低技能劳动力的流动人口管理政策提供支持？

针对上述疑问，本节使用2015年国家卫生和计划生育委员会全国流动人口卫生计生动态监测调查数据，对农民工市民化能力与城市规模的关系进行经验研究。

二、计量模型、变量说明与描述性统计

（一）计量模型设定

本节经验模型主要检验城市规模如何影响以相对收入表示的农民工市民化能力，其基本影响方程为

$$Ability_{ic} = \alpha + \beta \times \ln Popc_c + \gamma \times \ln Popcsq_c + \rho \times X_{ic} + \theta \times region + \varepsilon_{ic}$$

$$(5.1)$$

其中，$Ability_{ic}$ 表示农民工个体 i 在城市 c 的市民化能力，用农民工个体收入与务工城市城镇职工在岗职工平均工资之比表示。α 为常数项，$\ln Popc_c$ 和 $\ln Popcsq_c$ 分别表示2015年 c 城市市辖区常住人口数和人口数的平方。X_{ic} 为一系列反映个体特征、流动和就业特征的变量。个体特征包括：（1）性别，其中男性为1，女性为0；（2）年龄以及年龄的平方项；（3）婚姻状况，其中已婚为1，未婚为0；（4）受教育年限等。流动和就业特征包括流动范围（跨省流动为1，省内流动为0）、流动时长（本次流动至今的时长）、职业类型（以商业服务人员为参照）、就业身份（以雇员为参照）等。$region$ 为反映流出地区域的虚拟变量，ε_{ic} 为随机扰动项。

本节微观数据来自2015年国家卫生和计划生育委员会全国流动人口卫生计生动态监测调查。该调查按照随机原则，在全国31个省（自治区、直辖市）和新疆生产建设兵团流动人口较为集中流入地抽取样本点，开展抽

样调查，调查结果对全国和各省具有代表性。调查对象为在调查前一个月前来本地居住、非本地区户口且年龄在 15 岁以上的流动人口。本节考虑农民工市民化能力与城市规模的关联，故样本限定在具有农村户籍、流入地为城市市辖区、处于就业状态的农民工，样本量共 102656 个[①]，分布于全国 289 个城市。

（二）变量说明

市民化能力用农民工个人收入与所在城市在岗职工平均工资之比表示。该指标反映个体农民工在流入地所处的经济地位。相比市辖区在岗职工平均工资，如果农民工个体收入较高，则容易从经济方面融入城市社会，实现市民化，因此市民化能力较强；相反，如果农民工个体收入比当地城镇职工工资低很多，表示其市民化能力较低。与第四章一致，我们选用市辖区常住人口数作为城市规模的代理变量。我们预期相对收入和城市规模之间并一定是线性关系，可能是二次型的，于是在方程中加入了城市规模的平方项。

城市规模与相对收入之间存在明显的内生性。对可能存在的内生性，我们可以使用工具变量法予以缓解。参照第四章，我们以 1964 年第二次人口普查各城市市辖区人口数作为当前城市规模的工具变量，为保持地理区域的一致，本节按照 2015 年城市行政代码统一进行了调整。

控制变量由个体特征、流动和就业特征以及流出地特征变量组成。个体特征、流动和就业特征变量已在计量模型设定部分做了相应解释，这些变量可能影响个体的市民化能力，因而作为控制变量加入回归方程。流出地特征为户籍所在地区虚拟变量。控制住这些变量是为了尽可能还原城市规模与以相对收入表示的市民化能力之间的准确关系。变量的描述性统计见表5.1。

---

① 考虑到新疆生产建设兵团的特殊性，我们删除了流入地为新疆生产建设兵团的农民工样本。由于西藏城市数据缺失，样本中也不包括西藏自治区数据。

表 5.1 变量描述性统计

变量	变量具体含义	观测值	均值	标准差	最小值	最大值
ability	市民化能力	102656	0.73	0.71	0	97.66
lnpopc	城市常住人口对数值	102656	5.30	1.22	2.35	7.79
male	男性	102656	0.58	0.49	0	1
age	年龄	102656	35.71	9.59	16	84
education	受教育年限	102656	9.76	2.65	0	18
marriage	已婚	102656	0.81	0.39	0	1
florage	跨省流动	102656	0.47	0.50	0	1
flolong	流动时长	102656	5.45	4.66	1	38
vocation	职业类型					
syfw	商业服务人员	102656	0.65	0.48	0	1
sccz	生产操作人员	102656	0.24	0.43	0	1
qt	其他人员	102656	0.11	0.31	0	1
estatus	就业身份					
employee	雇员	102656	0.57	0.50	0	1
employer	雇主	102656	0.08	0.26	0	1
selfemployed	自营劳动者	102656	0.36	0.48	0	1
region	流出地所属区域					
east	东部地区	102656	0.25	0.43	0	1
midland	中部地区	102656	0.37	0.48	0	1
west	西部地区	102656	0.32	0.47	0	1
northeast	东北地区	102656	0.06	0.23	0	1

三、城市规模影响市民化能力：经验证据与异质性

我们首先使用全样本对城市规模与以农民工相对收入表示的市民化能力进行实证检验，以探寻两者之间的关联；其次，为缓解内生性，使用两阶段最小二乘法进行工具变量估计；最后，对农民工按地区、城市群及技能分样本回归，以考察区域和技能的异质性。

（一）全样本 OLS 估计

表 5.2 报告了全样本 OLS 估计结果。回归（1）的变量只保留城市规模

和城市规模的平方项，回归（2）加入了个体特征变量，回归（3）在回归（2）的基础上加入了流动特征变量，回归（4）在回归（3）的基础上加入了就业特征变量，回归（5）在回归（4）的基础上加入了流出地特征变量。五个方程的估计结果基本一致，城市规模的一次项为正，平方项为负，随着城市规模的增加，农民工相对收入先增大后减小，呈倒"U"形。表5.2的估计结果符合预期，城市规模对以相对收入表示的市民化能力的影响是通过城市集聚效应和拥挤效应共同作用的。一方面，城市规模的增加产生集聚效应，带动了生产效率的提升，增加了个人收入。Duranton 和 Puga（2004）指出了空间集聚正外部性的三个来源，即匹配机制、共享机制和学习机制，对中国大城市工资溢价的研究基本上都是对集聚效应的验证。然而，城市规模并不是越大越好，随着城市人口的增加，通勤成本上升，房价快速上涨，对资源和环境的破坏也在不断加剧，这就是所谓的拥挤效应。两种效应叠加确定了城市最优规模。集聚效应和拥挤效应同样表现在城市规模对农民工相对收入的影响上。大城市人口聚集有利于个人生产效率的提升，名义收入水平高，即相对收入的分子项高。另一方面，随着城市人口规模的增加，拥挤效应越来越凸显，生活成本不断提高，这时平均工资需要提高到一定程度才能抵消生活成本的上升，而且一部分不能承受较高生活成本的人会选择离开大城市，导致留下来的劳动力工资普遍较高。拥挤效应推动的平均工资的提高与生产效率无关，是成本推动的物价—工资上涨，表现为相对收入指标分母的提高。由表5.2计算的农民工市民化能力极值位于人口 30 万以下的小城市①，农民工在大中城市的市民化能力低，没有从城市集聚中获得收入水平的显著提高。

表5.2　　　　　　　　　城市规模与相对收入：OLS 估计

变量	（1）	（2）	（3）	（4）	（5）
lnpopc	0.038 *	0.054 ***	0.054 ***	0.050 ***	0.052 ***
	(0.019)	(0.019)	(0.019)	(0.019)	(0.018)
lnpopcsq	− 0.006 ***	− 0.009 ***	− 0.009 ***	− 0.008 ***	− 0.009 ***
	(0.002)	(0.002)	(0.002)	(0.002)	(0.002)

① 以回归（1）为例，相对收入极值的市辖区人口 $= \exp\left(\dfrac{0.038}{2 \times 0.006}\right) = 23.73$，下同。

续表

变量	（1）	（2）	（3）	（4）	（5）
male		0.174***	0.174***	0.158***	0.158***
		(0.008)	(0.008)	(0.008)	(0.008)
age		0.031***	0.030***	0.022***	0.022***
		(0.003)	(0.003)	(0.002)	(0.002)
agesq		−0.000***	−0.000***	−0.000***	−0.000***
		(0.000)	(0.000)	(0.000)	(0.000)
marriage		0.158***	0.157***	0.093***	0.090***
		(0.011)	(0.011)	(0.010)	(0.010)
education		0.032***	0.032***	0.031***	0.031***
		(0.002)	(0.002)	(0.002)	(0.002)
florage			−0.025**	−0.002	0.018*
			(0.010)	(0.010)	(0.009)
flolong			0.003***	0.000	−0.000
			(0.001)	(0.001)	(0.001)
sccz				0.026***	0.026***
				(0.008)	(0.008)
qt				0.087***	0.087***
				(0.020)	(0.020)
employer				0.707***	0.702***
				(0.042)	(0.042)
selfemployed				0.192***	0.190***
				(0.010)	(0.010)
midland					−0.044***
					(0.011)
west					−0.057***
					(0.010)
northeast					−0.098***
					(0.015)
cons	0.730***	−0.367***	−0.331***	−0.236***	−0.204***
	(0.053)	(0.080)	(0.082)	(0.076)	(0.077)
N	102656	102656	102656	102656	102656

续表

变量	（1）	（2）	（3）	（4）	（5）
adj. R²	0.004	0.048	0.049	0.114	0.115
拐点值	23.73	20.09	20.09	22.76	17.97

注：括号内的值为稳健标准误。*、** 和 *** 分别表示在10%、5% 和1% 的显著性水平上显著。职业以商业服务人员为参照，就业身份以雇员为参照，流出地区域以东部地区为参照。

从控制性变量来看，男性比女性、已婚比未婚，以及受教育年限越长的农民工，市民化能力越强。年龄的一次项为正，平方项为负，随着年龄的增加，市民化能力先增大后减小①。从流动和就业特征来看，控制住其他变量，回归（5）显示跨省流动农民工相对收入在10%的显著水平上高于省内流动的农民工。农民工从事商业服务类职业的相对收入低于生产操作类和其他职业②。就业身份中，雇员的相对收入低于雇主和自我经营者。流出地为东部地区的农民工的相对收入表示的市民化能力高于其他地区，控制变量的影响方向符合预期。

（二）考虑内生性的工具变量估计

下文以1964年第二次人口普查各城市人口数作为2015年城市人口规模的工具变量，使用工具变量法估计城市规模对农民工市民化能力的影响，估计结果见表5.3。控制住一系列变量，内生解释变量城市规模及其平方项内生性检验卡方值分别为121.85、133.80、149.08、189.31和179.69，内生性检验表明城市规模及其平方项是内生解释变量。由表5.3可知，Kleibergen–Paap 不可识别检验显示模型是可识别的，弱工具变量 Cragg–Donald 检验显示工具变量通过了弱工具变量检验。回归（1）中，只有城市规模的平方项通过了显著性水平检验。回归（2）中，城市规模一次项系数在10%的显著水平上显著，随着控制变量的增加，城市规模系数的显著性开始增强。随着城市人口规模的增加，农民工相对收入先增大后减小，拐点值出现在人口30万以下的小城市，说明在小城市农民工以相对收入表示的市民

---

① 年龄平方项的估计系数为0，不代表该项不显著，这与量纲有关，下同。极值出现在35～37岁这一年龄段。

② 其他职业包括企事业单位负责人、专业技术人员、办事人员、农林牧渔人员等。

化能力最强。在中等以上城市，随着城市规模的增加，农民工相对收入下降。控制变量估计结果见表5.3，不再详述。工具变量估计缓解了内生性导致的测量偏误，结果更可信。

表5.3 控制变量估计结果

变量	（1）	（2）	（3）	（4）	（5）
lnpopc	− 0.003	0.043 *	0.082 ***	0.082 ***	0.081 ***
	（0.026）	（0.025）	（0.026）	（0.025）	（0.025）
lnpopcsq	− 0.006 ***	− 0.010 ***	− 0.014 ***	− 0.014 ***	− 0.013 ***
	（0.002）	（0.002）	（0.002）	（0.002）	（0.002）
male		0.179 ***	0.178 ***	0.164 ***	0.164 ***
		（0.004）	（0.004）	（0.004）	（0.004）
age		0.028 ***	0.026 ***	0.019 ***	0.019 ***
		（0.001）	（0.001）	（0.001）	（0.001）
agesq		− 0.000 ***	− 0.000 ***	− 0.000 ***	− 0.000 ***
		（0.000）	（0.000）	（0.000）	（0.000）
marriage		0.156 ***	0.156 ***	0.091 ***	0.087 ***
		（0.005）	（0.005）	（0.005）	（0.005）
education		0.022 ***	0.023 ***	0.024 ***	0.024 ***
		（0.001）	（0.001）	（0.001）	（0.001）
florage			0.036 ***	0.038 ***	0.035 ***
			（0.005）	（0.005）	（0.005）
flolong			0.003 ***	0.000	0.000
			（0.001）	（0.001）	（0.001）
sccz				0.030 ***	0.031 ***
				（0.007）	（0.007）
qt				0.023 **	0.025 ***
				（0.009）	（0.009）
employer				0.628 ***	0.626 ***
				（0.023）	（0.023）
selfemployed				0.192 ***	0.190 ***
				（0.004）	（0.004）
midland					− 0.004
					（0.006）

续表

变量	（1）	（2）	（3）	（4）	（5）
west					-0.029^{***}
					（0.006）
northeast					-0.059^{***}
					（0.007）
cons	0.928^{***}	-0.121^{*}	-0.224^{***}	-0.160^{**}	-0.138^{*}
	（0.070）	（0.071）	（0.072）	（0.071）	（0.071）
Kleibergen-Paap	7585.92	7564.83	7321.12	7304.11	7509.16
Cragg-Donald	2.1e+04	2.1e+04	1.5e+04	2.1e+04	2.1e+04
内生性检验	121.85	133.80	149.08	189.31	179.69
N	101411	101411	101411	101411	101411
adj. R²	0.011	0.045	0.045	0.096	0.097
拐点值	—	8.58	18.70	18.70	22.54

注：括号内的值为稳健标准误。*、**和***分别表示在10%、5%和1%的显著性水平上显著。职业以商业服务人员为参照，就业身份以雇员为参照，流出地区域以东部地区为参照。

（三）分样本 IV 估计结果

我们把全国分为东部、中部、西部和东北四个地区，分地区估计结果见表5.4。回归（1）~回归（5）的工具变量估计都通过了不可识别检验和弱工具变量检验，表明不存在不可识别和弱工具变量问题。回归（1）中，城市规模及其平方项的系数不显著，东部地区城市规模与农民工相对收入之间不存在二次型关系，回归（5）列出了东部地区只包括城市规模一次项IV估计结果。回归（4）的内生性检验表明城市规模及其平方项是外生的，不需要使用 IV 估计，因此回归（6）列出了东北地区 OLS 估计结果。

表5.4　　　　　　　　　按地区分样本估计

变量	（1）东部地区 IV	（2）中部地区 IV	（3）西部地区 IV	（4）东北地区 IV	（5）东部地区 IV	（6）东部地区 OLS
lnpopc	-0.047	0.987^{***}	-0.147^{**}	-1.210^{***}	-0.082^{***}	-0.800^{***}
	（0.047）	（0.261）	（0.066）	（0.261）	（0.003）	（0.138）

续表

变量	(1) 东部地区 IV	(2) 中部地区 IV	(3) 西部地区 IV	(4) 东北地区 IV	(5) 东部地区 IV	(6) 东部地区 OLS
lnpopcsq	−0.003 (0.004)	−0.104*** (0.026)	0.012* (0.007)	0.117*** (0.026)		0.076*** (0.014)
控制变量	Yes	Yes	Yes	Yes	Yes	Yes
Kleibergen-Paap	5502.26	412.50	1771.06	295.21	1.6e+04	—
Cragg-Donald	5192.15	681.16	4361.06	732.40	8.5e+04	—
内生性检验	144.64	18.80	5.75	3.88	82.51	
N	49313	20276	26115	5707	49313	5707
adj. R^2	0.117	0.125	0.065	0.176	0.117	0.182
拐点值	—	115.03	457.14	176.08	—	193.09

注：括号内的值为稳健标准误。*、** 和*** 分别表示在10%、5%和1%的显著性水平上显著。控制变量包括个体特征、流动特征、就业特征和流出地特征变量。

　　表5.4的估计结果表明，各地区异质性明显。在东部地区规模越大的城市，农民工以相对收入表示的市民化能力较低。东部发达地区是中国经济发展程度较高同时也是大城市集聚的地区。在东部发达地区，农民工相对收入水平随城市规模的增加而下降，农民工难以在东部大城市实现市民化。农民工市民化能力随中部地区城市规模的增加先增大后减小，市民化能力极大值出现在人口120万左右的城市①。西部地区农民工在常住人口低于457.14万人的城市的相对收入随城市规模的增加而减小，超过拐点值的城市只有两个（成都市和重庆市），可见农民工在成都和重庆两市的相对收入并不低。在东北地区，随着城市规模的增加，农民工以相对收入表示的市民化能力先减小后增加，市民化能力极小值位于人口200万左右的城市。通过以上分析不难发现，农民工在大城市的市民化能力较低，但存在地区异质性。

　　按城市群分样本的估计结果见表5.5。回归（1）~回归（6）的IV估计都通过了不可识别检验和弱工具变量检验，表明不存在不可识别和弱工具变量问题。回归（1）中，城市规模平方项系数不显著，回归（4）中，城市规模的两个系数都不显著，考虑可能不存在二次型关系，因此回归（5）和

---

① 例如河南省南阳市、山西省大同市、湖南省株洲市等。

回归（6）的估计方程只包括城市规模的一次项。回归（6）的内生性检验显示卡方值只有2.4，说明不需要使用 IV 估计，因此回归（7）为除三大城市群以外的其他城市 OLS 估计结果。

回归结果表明，城市群间略有差异。农民工流入京津冀城市群，城市规模与以相对收入表示的市民化能力负相关，农民工在北京、天津两地的市民化能力最低。在长三角城市群，农民工相对收入随城市规模的增加先增加后减小，市民化能力极大值城市规模为135.88万人①。珠三角城市群拐点值为1917.59，所有城市均位于拐点值左侧，因此在珠三角城市群，随着城市规模的增加，农民工相对收入下降。在除三大城市群以外的其他城市，城市规模越大，农民工市民化能力越低。只有长三角城市群的城市规模与农民工相对收入没有表现出单调递减，这可能与该城市群内不同规模城市的发展较为协调有关。京津冀、珠三角以及除三大城市群以外的其他城市，城市间协调性不如长三角城市群，城市规模与相对收入单调递减。

表 5.5　　　　　　　　　　　按城市群分样本 IV 估计

变量	（1） 京津冀 IV	（2） 长三角 IV	（3） 珠三角 IV	（4） 其他 IV	（5） 京津冀 IV	（6） 其他 IV	（7） 其他 OLS
ln$popc$	-0.120** (0.055)	0.167*** (0.061)	-0.514** (0.218)	-0.012 (0.056)	-0.080*** (0.006)	-0.043*** (0.003)	-0.037*** (0.004)
ln$popcsq$	0.003 (0.005)	-0.017*** (0.005)	0.034* (0.021)	-0.003 (0.006)			
控制变量	Yes	Yes	Yes	Yes	Yes	Yes	Yes
Kleibergen-Paap	3183.40	1688.19	1240.57	2672.20	2438.34	2.3e+04	—
Cragg-Donald	1.3e+04	3834.70	434.28	6249.08	1.1e+05	1.2e+05	—
内生性检验	42.44	99.35	62.22	37.42	33.05	2.40	—
N	12923	17278	9710	61500	12923	61500	61500
adj. R^2	0.096	0.137	0.060	0.087	0.096	0.088	0.086
拐点值	—	135.88	1917.59	—	—	—	—

注：括号内的值为稳健标准误。*、** 和 *** 分别表示在10%、5%和1%的显著性水平上显著。控制变量包括个体特征、流动特征、就业特征和流出地特征变量。

---

① 城市规模位于极值附近的城市有江苏省盐城市、南通市及安徽省芜湖市。

为分析技能异质性，我们按照农民工文化程度对技能进行分组。初中及以下为低技能，高中或中专为中等技能，大专及以上学历为高技能。按技能分组的估计结果见表5.6。回归（1）中，城市规模的一次项不显著。回归（3）中，城市规模的一次项和平方项均不显著，考虑可能不存在二次型关系，因此回归（4）和回归（5）分别列出了只包括城市规模一次项的估计结果。五个估计方程都通过了不可识别检验和弱工具变量检验，解释变量内生性检验表明城市规模及其平方项是内生的，需要使用工具变量法予以解决。除中等技能农民工外，低技能和高技能农民工相对收入随城市规模的增加递减。中等技能农民工相对收入随城市规模的增加，先增加后减小，拐点值的城市规模为78.78万人。表5.6的估计结果表明，不同技能农民工虽略有差异，但总体来看，农民工在大城市的相对收入较低。

表5.6　　　　　　　　　　　按技能分样本 IV 估计

变量	(1) 低技能	(2) 中等技能	(3) 高技能	(4) 低技能	(5) 高技能
lnpopc	0.032	0.262***	0.125	-0.071***	-0.030**
	(0.028)	(0.050)	(0.116)	(0.003)	(0.014)
lnpopcsq	-0.009***	-0.030***	-0.014		
	(0.003)	(0.004)	(0.011)		
控制变量	Yes	Yes	Yes	Yes	Yes
Kleibergen-Paap	5168.79	1722.35	569.17	2.6e+04	2879.01
Cragg-Donald	1.4e+04	4582.07	2278.52	1.5e+05	1.5e+04
内生性检验	90.26	88.10	13.45	3.38	5.30
N	69246	23296	8869	69246	8869
adj. R^2	0.089	0.133	0.096	0.090	0.097
拐点值	—	78.78	—	—	—

注：括号内的值为稳健标准误。** 和 *** 分别表示在5%和1%的显著性水平上显著。控制变量包括个体特征、流动特征、就业特征和流出地特征变量。

四、城市规模影响相对收入：稳健性检验

上文的实证研究表明，随着城市不断扩张，农民工市民化能力先增大后减小，流入小城市的农民工的市民化能力最高，农民工在大中城市的市

民化能力随着城市规模的增加而降低，但存在地区、城市群及技能间的异质性。以上结论是否真实可信尚需要稳健性检验予以证实，本节拟从三个方面进行稳健性检验：使用分类变量表示城市规模、以市辖区户籍人口数而不是常住人口数代理城市规模以及替换工具变量。

（一）使用分类变量表示城市规模

我们按照城市人口规模，把城市分为中小城市（人口100万以下）、大城市（人口100万~500万）以及特大城市（人口500万以上），分类变量估计结果见表5.7。从回归（1）的全样本估计结果看，城市规模越大，农民工相对收入越低。农民工在特大城市的相对收入低于大城市和中小城市，在大城市的相对收入低于中小城市。按技能分样本估计，中低技能农民工的相对收入与城市规模负相关，回归（4）的估计结果与表5.6对高技能的估计结果不同，高技能农民工的城市规模系数不显著。除高技能农民工外，无论是全样本估计还是中低技能农民工分样本估计，回归结果均与之前的估计结果相一致。高技能农民工务工城市规模与相对收入之间的关系还需要进一步的稳健性检验。

表5.7　城市规模与相对收入：使用分类变量表示城市规模的OLS估计

变量	（1）全样本	（2）低技能	（3）中等技能	（4）高技能
big	-0.080***	-0.090***	-0.079***	-0.002
	(0.005)	(0.006)	(0.010)	(0.018)
megacity	-0.168***	-0.196***	-0.168***	-0.029
	(0.007)	(0.009)	(0.014)	(0.029)
控制变量	Yes	Yes	Yes	Yes
N	102655	70260	23497	8898
adj. R^2	0.089	0.085	0.133	0.095

注：括号内的值为稳健标准误，***表示在1%的显著性水平上显著，控制变量包括个体特征、流动特征、就业特征和流出地特征变量。

（二）使用市辖区户籍人口数代理城市规模

参照第四章的做法，我们使用各城市市辖区户籍人口数作为城市规模的代理变量，以检验估计结果的稳健性。回归结果见表 5.8，五个回归方程都通过了不可识别和弱工具变量检验，内生性检验表明城市规模及其平方项为内生解释变量，使用工具变量法是必要的。由于回归（4）中，城市规模的一次项和平方项都不显著，考虑到其与相对收入之间可能不是二次型关系，因此回归（5）只包括城市规模的一次项。从 IV 估计结果看，高技能农民工相对收入随着城市规模的增加逐渐降低，表明高技能农民工在大城市的市民化能力较低。中低技能农民工相对收入随着城市规模的增加先增加后减小，低技能农民工在户籍人口 50 万左右的城市相对收入较高，中等技能农民工在户籍人口 130 万左右的城市相对收入较高。使用市辖区户籍人口数作为城市规模的工具变量，估计结果与使用常住人口数作为城市规模代理变量的估计结果略有不同，但差异不大。

表 5.8　城市规模与相对收入：使用市辖区户籍人口数代理城市规模的 IV 估计

变量	（1）全样本	（2）低技能	（3）中等技能	（4）高技能	（5）高技能
ln*pop*	0.226 ***	0.162 ***	0.490 ***	0.234	−0.033 **
	（0.034）	（0.038）	（0.069）	（0.173）	（0.016）
ln*popsq*	−0.027 ***	−0.021 ***	−0.050 ***	−0.023	
	（0.003）	（0.003）	（0.006）	（0.016）	
控制变量	Yes	Yes	Yes	Yes	Yes
Kleibergen-Paap	4634.07	3183.05	1066.97	398.05	2931.34
Cragg-Donald	2.3e+04	1.6e+04	4670.38	2294.06	1.9e+04
内生性检验	276.46	185.58	155.74	5.39	4.14
N	101422	69253	23300	8869	8869
adj. R^2	0.094	0.086	0.128	0.096	0.097
拐点值	65.71	47.33	134.29	—	—

注：括号内的值为稳健标准误，** 和 *** 分别表示在 5% 和 1% 的显著性水平上显著，使用市辖区户籍人口数为城市规模的代理变量，控制变量包括个体特征、流动特征、就业特征和流出地特征变量。

（三）替换工具变量

为检验模型的稳健性，我们需要考虑更换工具变量对回归结果的影响。使用 1990 年各城市户籍人口数作为城市规模的工具变量，新的估计结果见

表 5.9。工具变量的三个检验显示回归方程通过了不可识别检验和弱工具变量检验，不存在不可识别和弱工具变量问题。变量内生性检验显示城市规模及其平方项是内生的，工具变量法是适用的。低技能农民工在小城市的相对收入较高；中等技能农民工在人口50万左右的城市相对收入较高；城市规模越大，高技能农民工的市民化能力越低。替换工具变量后，虽然结果略有差异，但改变不了农民工在大城市市民化能力低的结论。

表 5.9　　　　城市规模与相对收入：新的工具变量 IV 估计

变量	（1）全样本	（2）低技能	（3）中等技能	（4）高技能	（5）高技能
ln*popc*	0.103 *** (0.020)	0.097 *** (0.025)	0.190 *** (0.039)	0.096 (0.079)	−0.033 *** (0.013)
ln*popcsq*	−0.015 *** (0.002)	−0.015 *** (0.002)	−0.024 *** (0.003)	−0.012 (0.008)	
控制变量	Yes	Yes	Yes	Yes	Yes
Kleibergen-Paap	1.2e+04	8895.71	2594.26	854.54	2873.86
Cragg-Donald	4.1e+04	2.8e+04	9320.72	3851.72	1.6e+04
内生性检验	339.72	197.18	99.83	37.58	12.95
N	102656	70261	23497	8898	8898
adj. R^2	0.095	0.087	0.133	0.095	0.096
拐点值	30.98	25.36	52.37	—	—

注：括号内的值为稳健标准误，*** 表示在1%的显著性水平上显著，使用1990年各城市户籍人口数作为城市规模的工具变量，控制变量包括个体特征、流动特征、就业特征和流出地特征变量。

第二节　城市规模与农民工城市自有住房

本书对农民工市民化能力从两个方面进行界定：一是用相对收入表示的市民化能力，二是用在流入地城市是否拥有自有产权住房表示的市民化能力。用农民工个人收入与当地城镇平均工资之比计算的相对收入是从经济收入角度定义农民工市民化能力，城市的住房自有情况则从农民工居住稳定性的角度定义市民化能力，两者之间相互影响、互为统一。本节在上一节的基础上，研究城市规模与用农民工城市自有住房表示的市民化能力之间的关系。

一、引言

改革开放后很长一段时间，农民工在务工城市主要居住在雇主提供的宿舍，或租住条件相对较差但租金较低的城市住房，如很多地方的城中村就是农民工的主要聚集地（Song 等，2008）。农民工在务工地一方面没有当地城市户籍，另一方面，大部分农民工在城市就业不稳定，与当地城市居民相比，收入水平较低，无法享受到完善的社会保障，因此很难在务工城市拥有自有住房（Logan 等，2009）。随着经济的发展，这种状况有所改变，比起早期农民工，新一代农民工更愿意在务工城市成为永久居民，农民工在务工城市购房的比例逐年提高（Wu 和 Wang，2014；Cui 等，2015；Li，2017）。

城市规模从两个方面影响农民工城市自有住房概率。一方面，农民工在大城市的就业稳定性和整体收入水平高于中小城市，较高的收入有利于其购买商品房。另一方面，农民工在大城市购买商品房面临很多不利因素。首先，大城市房价高，远远超过普通居民的经济承受能力，何况收入水平更低的农民工。其次，为抑制房价快速上涨，很多大城市实施限购政策，经济水平较高的农民工在大城市购房受到限制。城市规模从正反两方面影响农民工在城市的住房自有概率，我们预计大城市高房价的负面影响超过收入水平的正向影响，农民工在大城市的购房概率更低。实证结果是不是城市规模越大，农民工自有住房概率越低？城市规模对不同地区之间、不同城市群之间、不同技能水平的农民工住房自有情况的影响是不是一致？对这些问题的解答尚需要细致的实证研究。

二、数据与变量描述

本节微观数据来自 2012 年全国流动人口动态监测调查。之所以没有选择年份较近的 2015 年流动人口动态监测数据，是因为 2012 年数据涉及农民工住房情况，而 2015 年的数据没有涉及。考虑到研究城市规模对农民工城市住房的影响时，不同年份之间不会有较大差别，因此使用 2012 年的数据不存在年份相对较远的问题。本节对流动人口数据进行了如下处理：首先，删除了流入西藏和新疆生产建设兵团的数据[①];其次，只保留流入城市市辖区、处于就业状态、户籍为农村户籍的流动人口，共包括农民工样本76804个。

本节因变量为住房自有，对应于调查问卷中的问题"您现住房属于下列何种性质?"本书把选择"自购房"和"自建房"的情形看作拥有自有住房，取值为1；把选择"租住单位/雇主房""租房私房"等的情形看作没有自有产权住房，取值为0，因此本节因变量是二值选择变量。

核心解释变量是城市规模，用2012年城市市辖区常住人口数表示，市辖区常住人口数据来自《2013年中国城市建设统计年鉴》。控制变量包括个体特征、流动特征、就业和收入特征以及流出地特征等。

个体特征包括性别、年龄、受教育年限和婚姻状况等。Cui等（2015）对南京市流动人口研究发现，相比女性，男性更不愿意频繁流动，于是男性更倾向于拥有自有产权住房[②]。1996年关于中国城市的一项调查显示，城市居民户主年龄越大，越可能拥有自有产权住房，已婚的或者劳动力较多的家庭拥有自有住房的可能性越低，这是因为在1996年，单位提供住房是城市家庭的主要住房形式，已婚或者家庭劳动力越多，从单位获得住房的可能性越高（Huang和Clark，2002）。Li和Li（2006）使用2001年的广州市调查数据，发现拥有大学以上学历者更容易获得自有产权住房。已婚者拥有自有产权住房的概率高于未婚者，无论是就住房需求还是购房能力而言，已婚者都倾向于购买自有住房。

流动特征包括流动范围和流动时长。流动范围方面，跨省流动取值为1，省内流动取值为0。不同流动范围改变了农民工的社会资本水平，省内流动具有更高的社会资本水平，就业更为稳定，因此农民工更倾向于购买商品房，于是我们预计省内流动自有住房概率高于跨省流动。预期流动时长与住房自有概率正相关。流动时长越长，越容易在城市积累足够的财力用于购买商品房。另外流动时长越长，在流入地城市积累的社会资源也有

[①] 本书考察城市规模对农民工市民化意愿和能力的影响，新疆生产建设兵团不管辖具体的城市，因此予以删除。虽然本章回归不涉及具体的城市层级变量，但删除西藏自治区是为了与第四章以及本章第一节保持一致。

[②] Gandelman（2009）对拉美国家的研究发现，女性住房自有率比男性更低，但户主为女性的自有住房率高于男性户主，原因在于女性户主大多是离婚或丧偶者，离婚或丧偶女性拥有自有住房的比例远远高于未婚女性，这解释了为什么女性户主住房自有率较高。

利于农民工在面临购房资金约束时选择从流入地朋友、老乡处寻求帮助，从而提高了农民工拥有自有住房的概率。

本节中的就业和收入特征包括职业类型、就业身份和家庭总收入三个变量。本书对调查问卷中的职业选项进行了重新归类，归类后职业类型分为商业服务人员、生产操作人员和其他人员。就业身份包括雇员、雇主和自营劳动者。加入职业类型和就业身份两个变量是为了控制农民工就业特征，农民工收入特征用家庭月收入表示。收入水平越高的家庭，自有住房概率越大，这在研究某一城市农民工住房状况的文献中得到了证实。本节使用全国范围数据检验就业和收入特征变量对农民工流入地住房自有概率的影响。

流出地特征为流出地所属区域的虚拟变量。各变量描述性统计结果见表5.10。样本中，农民工在务工地购房或自建房的比例仅为9%，考虑到调查年份为2012年，近年来这一比例应有所提高。城市人口规模对数值的均值为5.58，规模最小的城市是甘肃省陇南市，常住人口只有12.82万人；规模最大的是上海市，常住人口有2415.15万人。调查样本中，男性占59%，平均年龄33.54岁；初中及以下文化程度占73%，高中及以上文化程度约占27%；78%的受访者已婚。从流动特征看，跨省流动占53%，流动时长平均为5.27年。从职业类型来看，商业服务人员占比最高达62%，其次为生产操作人员（占27%），这两种职业的农民工从业者占农民工总量的89%。从就业身份看，雇员占58%，其次为自营职业者（占31%）。调查样本农民工家庭月平均收入的对数值为8.28，约合4888.54元，考虑到我们并不清楚每个家庭具体的劳动力数量，这一家庭收入并不高。从农民工流出地区域看，来自中部地区的农民工占调查样本的40%；其次是来自西部地区的农民工，占29%；来自东北地区的农民工占比最小，只占6%。

表5.10 变量描述性统计

变量	变量具体含义	观测值	均值	标准差	最小值	最大值
house	自有住房	76804	0.09	0.29	0	1
lnpopc2012	城市人口规模对数值	76804	5.58	1.31	2.55	7.79
male	男性	76804	0.59	0.49	0	1
age	年龄	76804	33.54	9.00	15	60
education	受教育程度					

续表

变量	变量具体含义	观测值	均值	标准差	最小值	最大值
junior	初中及以下	76804	0.73	0.45	0	1
senior	高中或中专	76804	0.22	0.41	0	1
college	大专及以上	76804	0.05	0.22	0	1
marriage	已婚	76804	0.78	0.42	0	1
florage	跨省流动	76804	0.53	0.50	0	1
flolong	流动时长	76804	5.27	4.56	1	42
vocation	职业类型					
syfw	商业服务人员	76804	0.62	0.48	0	1
sccz	生产操作人员	76804	0.27	0.44	0	1
qt	其他人员	76804	0.11	0.31	0	1
estatus	就业身份					
employee	雇员	76804	0.58	0.49	0	1
employer	雇主	76804	0.11	0.31	0	1
selfemployed	自营劳动者	76804	0.31	0.46	0	1
lnfamincom_m	家庭月收入对数值	76804	8.28	0.59	4.61	11.47
region	流出地区域					
east	东部地区	76804	0.25	0.43	0	1
midland	中部地区	76804	0.40	0.49	0	1
west	西部地区	76804	0.29	0.46	0	1
northeast	东北地区	76804	0.06	0.24	0	1

本节计量模型见式（5.2）：

$$\Pr(H_{is} = 1) = \beta_1 Popc2012 + X_i\alpha + \delta_s + \varepsilon_{is} \qquad (5.2)$$

其中，H_{is} 表示来自区域 s 的农民工个体 i 在务工城市的住房自有情况；$Popc2012$ 是城市规模，是本书的核心解释变量；X 包括一系列反映个体特征、流动特征、就业和收入特征的变量组合；δ_s 是流出地区域的虚拟变量，反映流出地的区域特征；ε_{is} 是随机扰动项。

三、城市规模与农民工住房自有实证分析

（一）城市规模与住房自有：Probit 估计结果

我们首先使用 Probit 估计各解释变量对农民工住房自有的影响，Probit 模型计算的边际效应值见表 5.11。回归（1）只包括城市规模；回归（2）除城市规模外，还加入了性别、年龄、年龄的平方项、受教育程度以及婚姻状态等控制个体特征的影响；回归（3）除城市规模和个体特征变量外，加入了流动范围和流动时长等反映流动特征的两个变量；回归（4）在回归（3）的基础上加入职业类型、就业身份和家庭收入三个变量来反映就业和收入特征；回归（5）则在回归（4）的基础上加入流出地区域虚拟变量。

表 5.11 　　　　　　　　　　　Probit 估计边际效应值

变量	(1)	(2)	(3)	(4)	(5)
$lnpopc2012$①	−0.0197*** (0.000800)	−0.0200*** (0.000776)	−0.0169*** (0.000813)	−0.0184*** (0.000804)	−0.0182*** (0.000812)
$male$		0.000685 (0.00209)	0.00313 (0.00204)	0.000963 (0.00204)	0.000266 (0.00202)
age		0.00677*** (0.00104)	0.00332*** (0.00103)	0.00312*** (0.00103)	0.00282*** (0.00102)
$agesq$		−6.36e−05*** (1.38e−05)	−3.67e−05*** (1.37e−05)	−3.22e−05** (1.37e−05)	−2.96e−05** (1.35e−05)
$senior$		0.0443*** (0.00294)	0.0411*** (0.00284)	0.0358*** (0.00276)	0.0373*** (0.00274)
$college$		0.142*** (0.00724)	0.136*** (0.00700)	0.103*** (0.00661)	0.102*** (0.00652)
$marriage$		0.0876*** (0.00407)	0.0896*** (0.00409)	0.0618*** (0.00414)	0.0661*** (0.00407)

---

① 我们在回归中尝试加入城市规模的平方项，但平方项的系数不显著。从全体样本看，城市规模与农民工住房自有之间不存在二次型关系，故表 5.11 回归（1）到回归（5）只包括城市规模的一次项，包括城市规模平方项的 Probit 边际效应值见附表 F1。

续表

变量	(1)	(2)	(3)	(4)	(5)
florage			−0.0534***	−0.0609***	−0.0542***
			(0.00215)	(0.00217)	(0.00216)
flolong			0.00770***	0.00699***	0.00669***
			(0.000205)	(0.000200)	(0.000198)
sccz				0.0127***	0.0105***
				(0.00269)	(0.00265)
qt				0.0568***	0.0519***
				(0.00382)	(0.00373)
employer				0.0199***	0.0222***
				(0.00371)	(0.00367)
selfemployed				−0.00195	0.00169
				(0.00248)	(0.00246)
lnfamincom_m				0.0481***	0.0472***
				(0.00182)	(0.00181)
midland					−0.0192***
					(0.00247)
west					−0.00785***
					(0.00268)
northeast					0.124***
					(0.00588)
N	76804	76804	76804	76804	76804
Pseudo R²	0.0131	0.0577	0.0998	0.1296	0.1494

注：表中为 Probit 估计的边际效应值，括号中为稳健标准误，** 和 *** 分别表示在 5% 和 1% 的显著性水平上显著。城市规模以城市市辖区常住人口数的对数值表示，受教育程度以初中及以下为参照，职业类型以商业服务人员为参照，流出地区域以东部地区为参照。

　　回归（1）~回归（5）均表明城市规模与农民工住房自有负相关，城市市辖区常住人口每增加 1%，农民工自有住房概率下降 1.69% ~2%。尽管大城市有更好的就业机会和较高的收入预期，但过高的房价以及大城市的一些限购政策对农民工在大城市购房形成了阻碍。现实中，相当一部分农民工在大城市就业，选择在家乡县城或地级市安家落户。从买房落户的角度看，对大部分农民工来说，在大城市实现市民化并不现实。

性别对农民工城市住房自有没有显著影响。年龄的一次项为正，平方项为负，随着年龄的增加，农民工在城市的自有住房概率先增加后减小。年龄小的农民工就业不稳定，收入较低，自身难以积累在城市购房的足够资金，因此自有住房概率较低。随着年龄的增大，收入水平提高，农民工城市购房概率增加。另外，年龄越大，成家的比例越高，农民工举家迁移到城市，购房的概率要高于个人外出者，因此年龄的增加提高了农民工购房概率。但超过一定年龄后，自有住房的概率可能会因年龄的增加而减小。相比年轻农民工，中老年农民工在城市难以找到就业稳定、收入较高的工作，收入能力制约了其在流入地购买商品房，而且中老年农民工在城市购房的意愿本身也较小，对家乡村居生活的心理依赖使其更愿意返乡，因此中老年农民工在城市自有住房的比例较低。随着受教育水平的提高，农民工城市购房概率提高。受教育水平的差异可以简单看作技能的差异，获得大专及以上学历的高技能农民工占比尽管较少①，但其在城市拥有自有住房的概率远高于中低技能农民工。已婚者的自有住房概率比未婚者高6.18% ~ 8.96%，婚姻是农民工在城市购房的重要考量因素之一。

跨省流动农民工在城市拥有自有产权住房的概率比省内流动农民工低5.34% ~ 6.09%。从自有住房角度看，农民工省内流动的市民化能力强于省外流动。在务工地待的时间越长，农民工自有住房的概率越高。但流动时长的边际效应绝对值较小，平均来看，在流入地的流动时长每增加1年，农民工自有住房概率提高幅度不到0.8%。可见，流动时长影响农民工城市自有住房概率，但不起决定作用。

从职业类型看，生产操作类职业的自有住房概率比商业服务类职业大约高1个百分点，企事业单位负责人、专业技术人员、办事人员等其他人员自有住房概率比商业服务人员高5.5个百分点。雇主的自有住房概率高于雇员，自营职业者与雇员在自有住房方面没有显著差异。雇主收入水平较高，其在城市购房的可能比较高。自营职业者或许收入更高，但他们与雇员一样，在城市难以获得自有产权住房。家庭月收入每增加1%，农民工城市购房概率提高4.72% ~ 4.81%。可见，总体较低的收入水平制约了农民工在城市通过买房置业实现市民化的可能性。

---

① 约占农民工总量的5%，见表5.10。

来自中西部地区农民工的城市自有住房概率低于东部地区农民工，来自东北地区农民工的城市自有住房概率高于东部地区。来自东北地区的农民工比来自东部地区农民工的自有住房概率高 12.4%，这是一个比较大的数字，说明东北地区居民整体外迁比例较高。第四章研究城市规模与市民化意愿，无论是以定居意愿还是户籍迁移意愿表示的市民化意愿，来自东北地区的农民工在流入地的市民化意愿都是最高的。意愿与能力是一致的，较高的市民化意愿使来自东北地区的农民工倾向于在流入地城市买房置业，于是来自东北地区农民工的城市住房自有概率最高。

（二）城市规模与住房自有：Ivprobit 估计结果

前面的章节已经讨论了城市规模的内生性，此处不再详述。本章使用 1964 年第二次全国人口普查各城市市辖区户籍人口数作为当前城市规模的工具变量，工具变量的估计结果见表 5.12。表 5.12 的五个回归方程最初加入了城市规模的平方项，回归结果发现一次项和平方项系数总有一个不显著或两个都不显著，表明不存在二次型关系，因此我们去掉了平方项，只保留一次项[①]。第一阶段的估计结果表明，1964 年第二次人口普查各城市市辖区人口数与当前城市规模显著相关，工具变量满足相关性要求。从表 5.12 内生性 Wald 检验的卡方值看，除回归（4）显示城市规模为外生变量外，其余四个回归方程都表明城市规模是内生的，需要使用工具变量法缓解内生性问题。

表 5.12　　　　城市规模与农民工住房自有：Ivprobit 估计边际效应值

变量	(1)	(2)	(3)	(4)	(5)
ln$popc$2012	- 0.0206 ***	- 0.0203 ***	- 0.0176 ***	- 0.0187 ***	- 0.0230 ***
	(0.000975)	(0.000948)	(0.00104)	(0.00104)	(0.00103)
$male$		0.000650	0.00306	- 0.000271	- 0.00113
		(0.00209)	(0.00205)	(0.00204)	(0.00203)
age		0.00676 ***	0.00330 ***	0.00260 **	0.00222 **
		(0.00104)	(0.00104)	(0.00103)	(0.00102)
$agesq$		- 6.35e - 05 ***	- 3.65e - 05 ***	- 2.38e - 05 *	- 2.04e - 05
		(1.38e - 05)	(1.38e - 05)	(1.37e - 05)	(1.35e - 05)

---

① 包含城市规模平方项的 Ivprobit 边际效应值见附表 F2。

续表

变量	（1）	（2）	（3）	（4）	（5）
senior		0.0444 ***	0.0412 ***	0.0341 ***	0.0364 ***
		（0.00294）	（0.00284）	（0.00276）	（0.00275）
college		0.142 ***	0.137 ***	0.0983 ***	0.0997 ***
		（0.00725）	（0.00702）	（0.00647）	（0.00641）
marriage		0.0876 ***	0.0895 ***	0.0628 ***	0.0665 ***
		（0.00407）	（0.00409）	（0.00419）	（0.00412）
florage			− 0.0529 ***	− 0.0602 ***	− 0.0501 ***
			（0.00222）	（0.00224）	（0.00220）
flolong			0.00773 ***	0.00712 ***	0.00697 ***
			（0.000206）	（0.000202）	（0.000201）
sccz				0.0127 ***	0.00988 ***
				（0.00269）	（0.00266）
qt				0.0568 ***	0.0510 ***
				（0.00382）	（0.00372）
employer				0.0229 ***	0.0234 ***
				（0.00375）	（0.00371）
selfemployed				0.00215	0.00368
				（0.00249）	（0.00247）
ln*famincom_m*				0.0469 ***	0.0476 ***
				（0.00184）	（0.00184）
midland					− 0.0203 ***
					（0.00250）
west					− 0.00769 ***
					（0.00270）
eastnorth					0.126 ***
					（0.00588）
Wald 检验（卡方值）	9.83	5.5	5.84	1.6	64.95
N	76804	76804	76804	76804	76804

注：表中为 Ivprobit 的估计边际效应值，括号中为稳健标准误，*、** 和 *** 分别表示在 10%、5% 和 1% 的显著性水平上显著。选取 1964 年第二次人口普查各城市市辖区人口数作为城市规模的工具变量，教育程度以初中及以下为参照，职业类型以商业服务人员为参照，流出地区域以东部地区为参照。

从 Ivprobit 边际效应值看，城市规模与农民工住房自有概率显著负相关，并且边际效应值的绝对值大于 Probit 边际效应值，城市规模每提高 1%，农民工城市住房自有概率下降 1.76% ~ 2.3%。尽管回归系数有一定差异，但 Ivprobit 和普通二元 Probit 反映的问题是一致的：从住房自有的角度看，大城市不利于农民工市民化能力的提高。个体特征变量反映的变量间的关系与 Probit 估计一致：性别不影响农民工城市自有住房概率；随着年龄的增加，农民工城市自有住房概率先增加后减小，呈倒 "U" 形；受教育水平越高的农民工，城市住房自有概率越高；已婚农民工的城市住房自有概率高于未婚者。从流动特征看，省内流动、流动时长越长，拥有城市自有住房的概率越高。从就业和收入特征看，从事生产操作类职业和其他职业农民工的城市住房自有概率高于商业服务类职业。雇主拥有城市自有产权住房的概率高于雇员，自营职业者和雇员在城市自有产权住房方面并无显著差异。农民工家庭收入越高，城市自有产权住房概率越高。这些都与 Probit 估计结果一致。从流出地区域特征看，来自中西部省份的农民工城市自有住房概率低于东部地区，来自东北地区的农民工自有住房概率超过东部地区。

（三）城市规模与住房自有：分样本估计结果

前文使用全部样本研究了城市规模与农民工住房自有概率间的关系，考虑到中国幅员辽阔，地区差异较大，城市规模影响农民工住房自有的程度可能存在区域差异。另外，不同技能水平农民工在不同规模城市的适应性也存在差异，不考虑技能异质性的估计结果过于粗略。因此，下文将进行分样本估计，研究城市规模对不同地区、不同城市群、不同技能农民工住房自有的影响。

我们把全国各省（自治区、直辖市）按地理位置分为东部、中部、西部和东北四个地区，按区域分样本估计结果见表5.13。回归（1）中，东部地区城市规模的平方项不显著，一次项只在 10% 的显著性水平上不为 0，因此回归（5）列出了东部地区只包括城市规模的一次项的估计结果。回归结果表明，随着城市规模的增加，流入东部地区的农民工住房自有概率逐步降低。回归（2）是中部地区的估计结果，城市规模的一次项和平方项都通过了显著性水平检验。中部地区城市规模的一次项为正，平方项为负，住房自有概率随城市规模的增加先增大后减小，我们计算的住房自有概率最高的城市市辖区常住人口达 113.95 万人。中部地区市辖区人口介于 100 万 ~ 120 万的城市共有 4 个，分别是湖南省株洲市和衡阳市、安徽省淮南市和芜湖市。根据我们的计算结果，农民工在中部这四个城市的住房自有概率相对较高。西部地区城市规模的一次项为负，平方项为正，农民工住房自有概率随着城市规模的增加先减小后增加，住房自有概率取极小值时的城市规模为 271.09 万人，城市人口规模超过拐点值后，住房自有概率随城市规模的增加而增大。西部地区城市规模超过上述门槛值的城市只有三个，即成都市、西安市和重庆市，说明农民工在西部中心城市的住房自有概率并不低。东北地区城市规模与住房自有概率的变化形态类似于中部地区，农民工住房自有概率随着城市规模的增加先增加后减小，住房自有概率取极大值时的城市人口规模为 106.19 万人。处于拐点值附近的城市有黑龙江省大庆市和辽宁省营口市，农民工在这两个城市的住房自有概率相对较高。

表 5.13　　　　　　　　　　按地区分样本回归结果

变量	(1) 东部地区	(2) 中部地区	(3) 西部地区	(4) 东北地区	(5) 东部地区
$lnpopc2012$	− 0.229 *	4.158 ***	− 1.367 ***	3.163 ***	− 0.111 ***
	(0.139)	(0.514)	(0.158)	(0.506)	(0.0131)
$lnpopcsq2012$	0.00746	− 0.439 ***	0.122 ***	− 0.339 ***	—
	(0.0114)	(0.0516)	(0.0155)	(0.0530)	
控制变量	Yes	Yes	Yes	Yes	Yes
$Wald$ 检验（卡方值）	23.36	50.96	135.37	110.9	6.34
N	38064	14856	18947	4937	38064
拐点值	—	113.95	271.09	106.19	—

注：表中为 Ivprobit 估计的边际效应值，括号中为稳健标准误，* 和 *** 分别表示在 10% 和 1% 的显著性水平上显著。选取 1964 年第二次人口普查各城市市辖区人口数作为城市规模的工具变量，控制变量包括反映个体特征、流动特征、就业和收入特征以及流出地区域特征的变量。

除按流入地所属地区分样本估计外，我们按照流入地所属城市群分样本估计，估计结果见表 5.14。城市群是未来中国城镇体系的主体形态，党的十九大报告强调了城市群在未来城镇体系建设中的作用，研究不同城市群城市规模对农民工住房自有概率的影响有利于摸清不同城市群的差异。表 5.14 中,回归(1)~回归(4)是两步法 Ivprobit 估计的边际效应值,回归(3)内生性检验卡方值只有 4.69,城市规模不存在严重的内生性,于是回归(5)列出了珠三角城市群 Probit 估计结果。

表 5.14　　　　　　　　　　　按城市群分样本回归结果

变量	(1) 京津冀 Ivprobit	(2) 长三角 Ivprobit	(3) 珠三角 Ivprobit	(4) 其他城市 Ivprobit	(5) 珠三角 Probit
lnpopc2012	1.079 *** (0.268)	-4.563 *** (0.419)	1.013 (0.974)	-0.703 *** (0.142)	-0.895 *** (0.315)
lnpopcsq2012	-0.116 *** (0.0225)	0.359 *** (0.0336)	-0.133 (0.107)	0.0596 *** (0.0142)	0.0868 *** (0.0284)
控制变量	Yes	Yes	Yes	Yes	Yes
Wald 检验(卡方值)	6.9	125.27	4.69	29.58	—
N	7111	16935	8104	44622	8104
拐点值	104.68	575.45	—	364.18	173.39

注:表中回归(1)~回归(4)为 Ivprobit 估计的边际效应值,回归(5)是 Probit 估计边际效应值,括号中为稳健标准误,*** 表示在 1% 的显著性水平上显著。Ivprobit 选取 1964 年第二次人口普查各城市市辖区人口数作为城市规模的工具变量,控制变量包括反映个体特征、流动特征、就业和收入特征以及流出地特征的变量。

京津冀城市群的城市规模的一次项为正,平方项为负,随着城市规模的增加,农民工城市住房自有概率先增加后减小。城市规模的拐点值为 104.68 万人,京津冀城市群处于拐点值附近的城市是保定市,2012 年市辖区常住人口达 108.92 万人,与城市群内其他城市相比,农民工在保定市的住房自有概率较高。长三角城市群的城市规模与农民工住房自有呈现出的形态与京津冀城市群不同,长三角城市群农民工住房自有概率随城市规模的增加先减小后增加,当城市常住人口规模超过 575.45 万人时,住房自有概率随城市规模的增大而增加。长三角城市群内城市人口规模超过拐点值的只有 1 个即上海市,农民工在上海市的住房自有概率并不低,这与我们的预期不符。上海市作为全国房价较高的城市之一,普通农民工很难有实力在上海买房置业。我们的数据却显示上海市农民工住房自有率并不低,其原因可能是权重产生的问题。2012 年全国流动人口抽样调查中,上海市样本量共1.5万个，是所有省（自治区、直辖市）里面最多的，甚至比京津冀三地样本之和都多，样本中上海市农民工占长三角农民工总量的53.46%，远超其真实占比。上海市权重过高使回归（2）的估计结果不准确。回归（3）和回归（5）反映的都是珠三角城市群的状况，回归（3）内生性检验表明不存在明显的内生性，因此我们把珠三角城市群普通Probit估计结果列在了回归（5）。回归（5）中，城市规模的一次项是负的，平方项是正的，珠三角城市群内农民工住房自有概率随着城市规模的增加先减小后增加，拐点值为173.39万人。珠三角城市群内市辖区常住人口介于160万~190万的城市只有1个即东莞市，农民工在东莞市的住房自有概率较低。东莞是制造业大市，外来务工人员高达数百万，外来务工人员居住形式以工厂宿舍为主，因此农民工住房自有率较低。另外，很多农民工是最近几年才进入东莞的，在东莞的居留时间平均为3.24年，远低于全国平均水平（5.27年）[①]，流动时长短不利于农民工购买自有住房。在除三大城市群外的其他城市中，农民工住房自有概率随着城市规模的增大先减小后增大，拐点值的城市人口规模为364.18万人，城市规模超过拐点值后，农民工住房自有概率随着城市规模的增大而增加[②]。

除按流入地所属区域、城市群分组外，我们也想知道不同技能水平的农民工在不同规模城市住房自有概率的高低，因此需要对不同技能水平的农民工分组回归。与前文一致，我们把初中及以下学历的农民工看作低技能，高中或中专学历看作中等技能，大专及以上学历看作高技能。表5.10的描述性统计显示，低技能农民工占样本总量的73%，远高于中等技能（22%）和高技能（5%）的占比。按技能分组回归的估计结果见表5.15。

---

① 东莞市农民工流动时长为作者根据2012年全国流动人口抽样调查数据计算得出的，全国平均流动时长见表5.10。
② 在拐点右侧的城市有6个，分别是哈尔滨、沈阳、西安、武汉、成都和重庆。

表 5.15　　　　　　　　　　按技能分样本回归结果

变量	(1) 低技能 Ivprobit	(2) 中等技能 Ivprobit	(3) 高技能 Ivprobit	(4) 低技能 Ivprobit	(5) 中等技能 Ivprobit	(6) 高技能 Probit
ln$popc$2012	− 0.252 *** (0.0717)	0.0705 (0.140)	0.153 (0.256)	− 0.168 *** (0.00855)	− 0.162 *** (0.0165)	− 0.0222 *** (0.00449)
ln$popcsq$2012	0.00723 (0.00635)	− 0.0211 * (0.0122)	− 0.0265 (0.0219)			
控制变量	Yes	Yes	Yes	Yes	Yes	Yes
Wald 检验（卡方值）	40.16	11.71	3.05	44.25	11.68	—
N	55778	16951	4075	55778	16951	4075

注：表中回归（1）~回归（5）为 Ivprobit 估计的边际效应值，回归（6）是 Probit 估计边际效应值。括号中为稳健标准误，* 和 *** 分别表示在 10% 和 1% 的显著性水平上显著。Ivprobit 选取 1964 年第二次人口普查各城市市辖区人口数作为城市规模的工具变量，控制变量包括反映个体特征、流动特征、就业和收入特征以及流出地区域特征的变量。

回归（1）~回归（3）加入了城市规模及其平方项，两个变量至少有一个不显著，表明城市规模与农民工住房自有间不具有二次型关系，于是我们在回归（4）~回归（6）估计方程中去掉了城市规模的平方项。回归（3）内生性 Wald 检验卡方值只有 3.05，显示不存在严重的内生性。使用 Ivprobit 估计有效性不如普通 Probit，因此回归（6）列出了高技能农民工普通 Probit 估计的边际效应值。不难发现，不同技能水平的农民工住房自有概率随城市规模的增加都有所降低，并且技能水平越低，住房自有概率降低得越多[①]。低技能农民工在大城市通过购买商品房的形式实现市民化的难度最大，从自有住房的角度看，城市规模越大，农民工市民化能力越低。

四、稳健性检验

本节从三个方面检验前文估计结果的稳健性。首先，考虑使用分类变量表示城市规模。其次，前文使用城市常住人口数作为城市规模的代理变

---

①　如果只加入城市规模的一次项，高技能农民工两步法 Ivprobit 的边际效应值为 − 0.15，并且在 1% 的显著性水平上通过显著性水平检验，与回归（4）和回归（5）的回归结果相比，技能水平越低，住房自有概率降低得越多。两步法 Ivprobit 边际效应值是城市规模的增加对潜变量增量的影响，Probit 边际效应值是城市规模的增加对因变量发生概率的影响，二者在绝对值上不能直接对比。

量，下文考察使用户籍人口数作为城市规模代理变量对估计结果的影响。最后，我们更换了工具变量，以 1990 年各城市市辖区人口数作为城市规模的工具变量，以检验更换工具变量对回归结果的影响。

使用分类变量表示城市规模的 Probit 估计边际效应值见表 5.16。以中小城市为参照，回归（1）表明农民工在大城市（人口 100 万~500 万）的住房自有概率比中小城市低 2.65%，在特大城市的住房自有概率比中小城市低 4.69%。城市规模越大，住房自有概率越低。中低技能农民工在规模较大城市的住房自有概率较低，高技能农民工在特大城市的住房自有概率比中小城市低，但在大城市的住房自有概率和中小城市相比并无显著性差异。使用分类变量表示城市规模的估计结果与使用市辖区常住人口数表示城市规模的估计结果基本一致，均表明农民工在规模较大的城市具有较低的市民化能力。

表 5.16　　　使用分类变量表示城市规模的 Probit 估计边际效应值

变量	（1）全样本	（2）低技能	（3）中等技能	（4）高技能
big	− 0.0265 ***	− 0.0277 ***	− 0.0268 ***	− 0.00659
	（0.00266）	（0.00298）	（0.00593）	（0.0153）
megacity	− 0.0469 ***	− 0.0489 ***	− 0.0511 ***	− 0.0475 ***
	（0.00305）	（0.00345）	（0.00664）	（0.0168）
控制变量	Yes	Yes	Yes	Yes
N	76804	55778	16951	4075
Pseudo R^2	0.1287	0.1236	0.1615	0.2011

注：表中回归（1）~回归（4）为 Probit 估计的边际效应值，括号中为稳健标准误，*** 表示在 1% 的显著性水平上显著。以中小城市为参照，*big* 和 *megacity* 分别表示大城市和特大城市。控制变量包括反映个体特征、流动特征、就业和收入特征以及流出地区域特征的变量。

我们使用 2012 年各城市市辖区户籍人口数作为城市规模的代理变量，新的估计结果见表 5.17。回归（1）~回归（4）中加入了城市规模的一次项和平方项，回归（1）的城市规模一次项不显著，平方项显著为负；回归（2）的低技能农民工两个变量都不显著；回归（3）的中等技能农民工一次项显著为正，平方项显著为负；回归（4）同回归（1）一致，只有城市规模的平方项显著为负。回归（5）和回归（6）分别在回归（1）和回归

（2）的基础上剔除了城市规模的平方项，Ivprobit 估计结果显示城市规模的一次项显著为负。对于高技能农民工，我们也考虑去除城市规模平方项的影响，Ivprobit 结果表明城市规模提高降低了高技能农民工住房自有概率，但内生性 Wald 检验的卡方值只有 0.85，使用二元 Probit 估计结果，城市规模增加降低了高技能农民工住房自有概率①。

表 5.17　使用市辖区户籍人口数作为城市规模代理变量的估计结果

变量	（1）全部样本	（2）低技能	（3）中等技能	（4）高技能	（5）全部样本	（6）低技能
lnpop2012	0.00789 (0.0951)	−0.112 (0.110)	0.501** (0.229)	0.630 (0.387)	−0.180*** (0.00833)	−0.192*** (0.00991)
lnpopsq2012	−0.0166** (0.00839)	−0.00716 (0.00980)	−0.0597*** (0.0200)	−0.0681** (0.0335)		
控制变量	Yes	Yes	Yes	Yes	Yes	Yes
Wald 检验（卡方值）	159.91	91.26	65.14	8.53	40.67	27.46
N	76804	55778	16951	4075	76804	55778
拐点值	—	—	66.42	—	—	—

注：表中为 Ivprobit 估计边际效应值，括号中为稳健标准误，** 和 *** 分别表示在 5% 和 1% 的显著性水平上显著。Ivprobit 选取 1964 年第二次人口普查各城市市辖区人口数作为城市规模的工具变量，控制变量包括反映个体特征、流动特征、就业和收入特征以及流出地区域特征的变量。

从表 5.17 反映的问题来看，城市规模增大降低了农民工住房自有概率，但不同技能农民工略有差异。处于技能两端的农民工，随着城市规模的增大，其住房自有概率逐渐降低，中等技能农民工住房自有概率则先增加后减小，城市规模的拐点值是 66.42 万人。表 5.17 与表 5.15 相比，城市规模代理变量的改变对中等技能农民工有一定影响，但总体上差异不大，回归结果总体上是稳健的。

除使用分类变量和市辖区户籍人口数代理城市规模变量外，考虑更换工具变量对回归结果的影响。与第四章一致，我们使用 1990 年各城市市辖区人口数作为 2012 年城市规模的工具变量。最初的方程估计加入了城市规模的一次项和平方项，全部样本以及按技能分组回归的四个方程的估计结

---

① 限于篇幅，高技能农民工只考虑城市规模一次项 Ivprobit 和 Probit 的估计结果没有在表 5.17 中列出。

果总有一个变量不显著或者都不显著，表明城市规模与农民工住房自有不存在二次型关系，于是我们剔除了城市规模的平方项①，新的估计结果见表5.18。回归（1）~回归（4）为Ivprobit的估计结果，由于回归（3）和回归（4）的内生性Wald检验表明不存在严重的内生性，于是回归（5）和回归（6）列出了普通二值Probit的边际效应值。

表5.18　　　　使用1990年市辖区人口数作为工具变量的估计结果

变量	（1）全部样本 Ivprobit	（2）低技能 Ivprobit	（3）中等技能 Ivprobit	（4）高技能 Ivprobit	（5）中等技能 Probit	（6）高技能 Probit
$lnpopc2012$	−0. 132 *** (0. 00733)	−0. 148 *** (0. 00860)	−0. 113 *** (0. 0169)	−0. 114 *** (0. 0324)	−0. 0184 *** (0. 00180)	−0. 0222 *** (0. 00449)
控制变量	Yes	Yes	Yes	Yes	Yes	Yes
Wald 检验（卡方值）	3. 56	5. 42	1. 44	0. 06	—	—
N	76804	55778	16951	4075	16951	4075

注：表中回归（1）~回归（4）为Ivprobit边际效应值，回归（5）和回归（6）为Probit边际效应值，括号中为稳健标准误，*** 表示在1%的显著性水平上显著。Ivprobit选取1990年第四次人口普查各城市市辖区人口数作为城市规模的工具变量，控制变量包括反映个体特征、流动特征、就业和收入特征以及流出地区域特征的变量。

回归（1）和回归（4）使用的是两步法Ivprobit，边际效应表示的是城市规模增大1%时潜变量的变化；回归（5）和回归（6）的Probit边际效应表示的是城市规模增大1%，因变量住房自有概率的变化，两种方法计算的边际效应在绝对值上不具有可比性。无论是全部样本还是按技能分组回归，城市规模的增大均降低了农民工住房自有概率，表5.18的估计结果与表5.15一致，更换新的工具变量没有改变模型的基本结论，显示出回归结果的稳健性。

本章小结

本章第一节使用2015年国家卫生和计划生育委员会流动人口卫生计生

---

① 含城市规模平方项的估计结果见附表F3。

动态监测调查数据，研究城市规模对以农民工相对收入表示的市民化能力的影响。研究发现，农民工在小城市的市民化能力最高；在人口 30 万以上的城市，农民工相对收入随城市规模的增加而减小；农民工在特大以及超大城市的市民化能力最低。不过，城市规模对农民工相对收入的影响存在地区、城市群以及农民工技能的异质性。

本章第二节使用农民工在务工城市是否拥有自有产权住房表示市民化能力，与第一节以农民工相对收入表示的市民化能力相对应。城市住房自有状况从居住层面反映农民工市民化能力的高低，一方面，城市自有住房作为财产的一部分，有利于农民工在经济层面实现与城市居民等同；另一方面，农民工获得自有产权住房，有利于其在城市的稳定就业。有了固定的居所，农民工向其他城市迁移的可能性降低，他们更愿意在当地长期就业，可见在城市是否拥有自有产权住房是农民工市民化能力的体现。

第二节使用 2012 年全国流动人口动态监测调查数据对全国 247 个城市进行实证研究，结论表明城市规模越大，农民工住房自有概率越低。二值 Probit 估计结果显示，城市规模每增大 1%，农民工流入地住房自有概率下降 1.69% ~ 2%。使用 1964 年第二次人口普查市辖区人口数作为城市规模的工具变量后，Ivprobit 估计结果显示城市规模与农民工住房自有概率之间存在显著的负相关，农民工在大城市很难通过购买商品房实现市民化。

尽管第四章得出的结论是农民工在大城市的市民化意愿高，但农民工在大城市的市民化能力低，不利于其在大城市实现市民化。大城市市民化意愿和能力不匹配可能与大城市对农民工的制度性排斥有关，也可能与农民工自身能力较低有关，农民工是否具有在大城市生存发展的能力正是本书第六章所要回答的问题。

第六章　城市规模影响农民工市民化意愿和能力的机制分析

本章拟从三个层面阐释城市规模影响农民工市民化意愿和能力的机制，即厚劳动力市场理论、人力资本外部性理论和劳动力市场极化理论。厚劳动力市场和人力资本外部性是微观影响机制，劳动力市场极化是宏观影响机制。厚劳动力市场从就业匹配的视角分析城市规模如何影响农民工市民化意愿和能力，人力资本外部性从知识外溢的视角解释城市规模对农民工市民化意愿和能力的影响，劳动力市场极化则从劳动力需求角度分析农民工在不同规模城市就业受到的影响。

第一节　城市规模与厚劳动力市场

一、引言

本节研究城市规模影响农民工市民化意愿和能力的第一个可能机制，即厚劳动力市场理论。该理论认为，在有众多求职者和雇佣者参与的劳动力市场上，就业匹配的效率更高。一个求职者面临多个可选择的职位，一个职位也可从多个求职者中选择。求职者很容易找到与自身技能匹配的职位，企业的空闲岗位也容易找到符合岗位要求的求职者，从而实现高效率、高质量的就业匹配。农民工进入不同规模城市，无论是市民化意愿还是市民化能力，都与其在城市的就业和收入密切相关，厚劳动力市场从就业角度为城市规模与农民工市民化意愿和能力之间的关系提供了解释。

厚劳动力市场理论是集聚效应微观机制的一种体现，Duranton 和 Puga（2004）总结出集聚效应的三个微观机制：分享、学习和匹配。分享与不可分割投资导致的生产外部性有关，如果一项生产需要大量投资，人口较少的市场分担该项投资的单项成本较高，小规模市场不利于开展该项投资。

学习效应假说认为，规模较大的城市有利于技术形成以及人力资本的提高（Glaeser 和 Mare，2001），人力资本外部性理论就是学习效应的体现，厚劳动力市场理论则是匹配效应的体现。

　　厚劳动力市场有两个优势，第一个优势在于异质性求职者和雇主在一个有很多企业提供职位和很多求职者寻求就业的劳动力市场中匹配更有效率。在 Diamond（1982）非常有影响力的以物易物模型里，找到一个交易伙伴的概率取决于市场中潜在交易伙伴的数量，在厚劳动力市场上更容易完成交易。另外，Helsley 和 Strange（1990）最早提出了厚劳动力市场往往伴随着企业较高生产效率和较高工资的观点，随后 Acemoglu（1997）、Rotemberg 和 Saloner（2000）分别提供了对高工资的解释。在 Acemoglu 的模型里，厚劳动力市场中雇主预期能够雇用到具有专业技能的雇员，因此会增加新技术的投资。同时，厚劳动力市场中的雇员预期他们能够在劳动力市场上较容易地找到与其技能相匹配的职位，因此也会增加对自身专用人力资本的投资，企业新技术投资和雇员人力资本投资都提高了生产效率和员工的工资水平。Rotemberg 和 Saloner 的模型假定城市里企业间在劳动力雇用方面存在竞争，大城市企业间对劳动力雇用的竞争更加激烈，高技能劳动力在大城市更容易得到专业化人力资本投资的回报。

　　厚劳动力市场的第二个优势在于其为企业和劳动力提供了防范异质性冲击的保障。厚劳动力市场缩短了劳动者异质性行业需求冲击造成的失业的持续时间。厚劳动力市场上存在很多雇佣者，提高了暂时失业的劳动者重新找到一份工作的可能性，这对于拥有专用型技能的劳动者来说显得尤为重要。如果异质性劳动力供给冲击发生在某个劳动者身上，厚劳动力市场降低了企业职位长期空闲的可能性，雇主很容易雇用到新的员工，因此匹配风险在厚劳动力市场里大为降低。

　　早期对厚劳动力市场理论的实证研究并不多，原因在于劳动力和企业之间的匹配并不容易衡量。随着微观数据的大量出现以及新的研究方法的使用，这一领域的研究有了新进展。Petrongolo 和 Pissarides（2006）最早研究了不同大小劳动力市场的就业匹配差异，他们发现规模效应体现出伦敦与英国其他城市的工资差异，但没有体现就业匹配差异。陆铭等（2012）使用中国家庭收入调查（CHIP）2002 年和 2007 年城市户籍人口数据研究了城市规模与个人就业概率的关系，实证发现，城市规模每扩大 1%，就业概率平均提高 0.039~0.041 个百分点，并且低技能劳动力受益程度最大。宁光杰（2014）研究了城市规模与农村流动人口城市就业机会两者之间的关系，研究发现城市人口每增加 1%，找工作花费的时间减少 0.124%。这些研究都证实了厚劳动力市场理论的有效性。

厚劳动力市场理论可用于解释中国农民工在不同规模城市市民化意愿和能力的差异。第四章和第五章实证结果表明，农民工市民化意愿和能力不匹配，尽管农民工在大城市具有较高的市民化意愿，但市民化能力偏低。是农民工自身能力水平低，还是大城市对农民工的排斥导致其市民化能力受到影响？本节使用厚劳动力市场理论检验农民工能否从大城市集聚中提高就业匹配的效率。如果农民工在大城市集聚中显著受益，那么大城市对农民工的排斥就是不适宜的，农民工大城市市民化能力低与其受到不合理的排斥有关，应予以消除。

本节使用中国流动人口居民收入调查 CHIP 2008（RUMIC 2009）数据实证研究城市规模是否提升了农民工就业匹配的效率，即中国农民工城市就业能否被厚劳动力市场理论证实。我们以"找到该项工作所花费天数"作为就业匹配效率的衡量指标，研究城市规模对该指标的影响。在解决选择偏误问题后，我们发现农民工在大城市找到工作花费的时间更短，具有较高的就业匹配效率。处于技能两端的农民工更容易从厚劳动力市场中受益，特大城市对农民工的排斥政策值得商榷。

二、计量模型设定和变量描述

（一）计量模型设定

计量模型部分旨在检验城市规模扩大是否提高了就业匹配效率。就业匹配效率使用找工作花费时间（$duration$）来表示，城市规模（$scale$）在不同模型中分别表示是否为人口 500 万以上的特大或超大城市、是否为人口 300 万以上的大城市。α_0 为常数项，X 是一系列反映个体基本特征、人力资本特征、社会资本特征的控制变量。$estructure_j$ 表示城市 j 的就业结构，即第三产业与第二产业就业人数比值，以体现城市的就业特征。ε_{ij} 为随机扰动项，i 表示个体，j 表示城市，反映不可观测特征对就业搜寻时间的影响。

$$duration = \alpha_0 + \alpha_1 scale + X\beta_i + \alpha_2 estructure_j + \varepsilon_{ij} \qquad (6.1)$$

进入大城市和中小城市的农民工存在能力偏差，式（6.1）的 OLS 估计结果可能存在选择偏误。为得到更加准确的结果，笔者使用处理效应模型解决选择偏误问题。处理效应模型与 Heckman 样本选择类似，分两步进行：第一步是对处理方程进行估计，第二步才是对结果方程的估计。针对本节所研究的问题，处理方程可表示为

$$scale = I(z_i\delta + \mu_i) \tag{6.2}$$

式（6.2）为处理方程，对农民工是否进入人口 500 万（300 万）以上城市进行估计。z_i 为影响农民工是否进入 500 万（300 万）以上城市的变量，z_i 既包括反映个体特征和人力资本特征的变量，也包括三个仅影响农民工选择不同规模城市、不直接影响农民工在城市找工作所花费时间的变量。这三个变量为农民工老家所在村庄到县城距离、所在村庄到最近交通站的距离以及本村村民外出务工比例。如果老家所在村庄离县城以及最近交通站距离比较近，农民工外出成本低，更可能进入规模较大的城市。本村村民外出务工比例越高，务工地域分布越广泛，农民工在同乡帮助下流入大城市的可能性更高。但这三个变量并不直接影响农民工在城市找工作所花费的时间，因此符合处理效应模型对变量的要求。

（二）数据来源和变量描述性统计

本节微观数据来自北京师范大学和澳大利亚国立大学共同开发的中国流动人口居民收入调查。该项调查涉及全国 9 个省 15 个城市 5000 个流动人口家庭，包括 1 个超大城市（上海市）、4 个特大城市（广州市、深圳市、重庆市和武汉市）、2 个 I 型大城市（成都市和南京市）、7 个 II 型大城市（人口由大到小依次为郑州市、杭州市、无锡市、合肥市、东莞市、洛阳市和宁波市）、1 个中等城市（蚌埠市）。[①] 调查问卷涉及家庭成员基本特征、成年人教育和培训、成年人就业信息、子女教育、农村土地信息、家庭收支等。自变量已在式（6.1）和式（6.2）中做了初步说明，其中反映个体基本特征、人力资本特征、社会资本特征的变量具体包括性别、年龄、婚姻状况、健康状况、受教育年限、培训、决策能力、自信心、城市中是否

---

① 以上按照 2008 年各城市人口数进行划分，样本中没有人口低于 50 万的小城市代表，因此本节实证结果只反映农民工进入大中城市就业匹配状况。

有熟人、住处周围是否有同乡等。各变量描述性统计结果见表6.1。

表6.1　　　　　　　　　各变量描述性统计

变量	变量具体含义	样本数	均值	标准差	最小值	最大值
duration	找到工作所需天数	7043	8.477	22.436	0	365
big500	特大或超大城市	9481	0.399	0.490	0	1
big300	人口300万以上大城市	9481	0.561	0.496	0	1
male	男性	9481	0.596	0.491	0	1
age	年龄	9463	31.268	10.499	2	72
marriage	已婚	9479	0.604	0.489	0	1
health	健康	9481	0.818	0.385	0	1
education	受教育年限	6703	9.498	2.590	1	17
train	培训	9438	0.243	0.429	0	1
makedecision	决策能力	7648	0.918	0.274	0	1
confidence	自信心	7648	0.572	0.495	0	1
acquaintance	熟人	6901	0.716	0.451	0	1
fellow	住处有同乡	9463	0.413	0.492	0	1
estructure	城市就业结构	9481	1.162	0.289	0.590	1.702

找到工作所需天数（*duration*）为0~365天，平均为8.5天。75.38%的进城农民工在一个礼拜内找到工作。由于城市生活成本高，短期内找不到工作的农民工可能会选择回流或流入其他城市，因此总体上农民工在城市找工作天数较短，急于找到工作的心态使农民工找到的工作可能并不是与其技能最匹配的工作。

城市样本中，40%处于特大或超大城市行列，约56%的城市属于人口300万以上的大城市。人口规模最大的是上海市（1888.46万人）①，为超大城市代表。人口规模最小的是蚌埠市（77.26万人），是中等城市代表。另外，有7个城市处于人口100万~300万的Ⅱ型大城市行列，2个城市处于人口300万~500万的Ⅰ型大城市行列，4个城市处于人口500万~1000万的特大城市行列。样本中没有小城市代表，中等城市也只有1个，因此估计

① 此处为2008年市辖区常住人口数，数据来自《中国城市建设统计年鉴（2009）》。

结果主要反映的是农民工在大城市的就业状况①。

个体特征变量包括男性、年龄和婚姻状况（已婚＝1）。男性农民工占59.6%，高于女性农民工。农民工年龄均值为31岁，随迁子女最小的2岁，随迁老人最大的72岁，已婚农民工占60.4%。人力资本特征变量包括健康程度（身体健康＝1）、受教育年限、培训（接受过培训＝1）、决策能力（做事有主见＝1）、自信心（对自己有信心＝1）。81.8%的进城农民工身体健康状况良好，平均受教育年限为9年，已完成9年义务教育。接受过各类培训的农民工占24.3%，大部分农民工具有较强的决策能力，57.2%的农民工对自己有信心。以上反映人力资本特征的5个变量表明进城农民工健康程度、决策能力等一般人力资本状况总体良好，教育培训所反映的人力资本质量有待提高。社会资本包括第一次来城市时在城市是否有熟人（有熟人＝1）和住处周围是否有很多同乡（有同乡＝1）两个变量。在城市有熟人的农民工占71.6%，住处有很多同乡的占41.3%，说明农民工进城务工并不是盲目的，社会资本在务工城市选择方面起着重要作用。笔者只加入了1个城市特征变量，即各城市2008年就业结构，用第三产业就业人数与第二产业就业人数之比表示，该指标的均值为1.162，中国大部分大中城市第三产业就业人数超过第二产业。不同产业的就业岗位存在差异，工作搜寻时间也会不同，因此回归中加入了反映城市就业结构的变量。

三、城市规模与就业匹配效率实证分析

下文分别采用普通最小二乘法以及考虑选择偏误的处理效应模型研究城市规模与就业匹配效率间的关系，探讨农民工在不同规模城市是否如厚劳动力市场理论所认为的从城市集聚中受益。

（一）城市规模与就业匹配效率OLS估计结果

表6.2为特大或超大城市与工作搜寻时间OLS估计结果。回归（1）只

---

① 第六次人口普查显示，约40%的流动人口流向人口500万以上的特大或超大城市，50个大中城市流动人口占全国总量的80%，大城市是农民工的主要聚集地。

加入了城市规模①一个变量；回归（2）在回归（1）的基础上加入了代表个体特征的性别、年龄、年龄的平方、婚姻状况四个变量；回归（3）在回归（2）的基础上加入了健康状况、受教育年限、培训、决策能力、自信心等五个表示人力资本的变量；回归（4）在回归（3）的基础上增加了两个社会资本变量，即第一次来城市时城市是否有熟人以及住处是否有很多同乡；回归（5）在回归（4）的基础上增加了城市就业结构，以控制城市劳动力需求特征。

表 6.2　　　　　　特大或超大城市与就业匹配效率 OLS 估计

变量	（1）	（2）	（3）	（4）	（5）
*big*500	2.456 ***	2.220 ***	2.435 ***	2.459 ***	2.442 ***
	（0.577）	（0.569）	（0.677）	（0.688）	（0.685）
male		1.374 ***	1.406 **	1.390 **	1.366 **
		（0.524）	（0.548）	（0.545）	（0.543）
age		0.812 ***	0.572 ***	0.563 ***	0.567 ***
		（0.142）	（0.156）	（0.153）	（0.153）
agesq		−0.010 ***	−0.007 ***	−0.006 ***	−0.006 ***
		（0.002）	（0.002）	（0.002）	（0.002）
marriage		−1.299 *	−1.327 *	−1.270 *	−1.275 *
		（0.673）	（0.761）	（0.747）	（0.746）
health			−1.513	−1.462	−1.450
			（1.040）	（1.040）	（1.035）
education			0.353 ***	0.347 ***	0.349 ***
			（0.126）	（0.127）	（0.128）
train			−0.014	0.031	0.056
			（0.618）	（0.610）	（0.615）
makedecision			−3.202 **	−3.129 **	−3.123 *
			（1.596）	（1.592）	（1.593）
confidence			−1.537 ***	−1.529 **	−1.528 **
			（0.596）	（0.599）	（0.599）

① 进入不同规模城市的农民工存在技能差异，普通 OLS 估计存在选择偏误。为解决该问题，本节城市规模没有使用市辖区常住人口数表示，而选择是否为人口 500 万（300 万）以上的大城市。使用市辖区常住人口数表示城市规模的 OLS 估计结果见附表 G1。

变量	(1)	(2)	(3)	(4)	(5)
acquaintance				− 0. 906	− 0. 878
				(0. 643)	(0. 647)
fellow				− 0. 579	− 0. 615
				(0. 550)	(0. 546)
estructure					0. 873
					(0. 930)
cons	7. 464 ***	− 6. 922 ***	− 2. 688	− 1. 717	− 2. 811
	(0. 288)	(2. 323)	(2. 568)	(2. 524)	(2. 952)
N	7043	7032	4650	4635	4635
adj. R^2	0. 003	0. 007	0. 011	0. 011	0. 011

注：括号内为稳健标准误，*、** 和*** 分别表示在10%、5% 和1% 的水平上通过显著性水平检验。

表6.2 中，城市规模系数为正，并通过了1% 的显著性水平检验，农民工在特大及超大城市找工作花费的时间更长。OLS 估计结果表明厚劳动力市场理论不成立，进城农民工没有从城市集聚中提高就业匹配效率。OLS 估计没有考虑进入不同规模城市农民工自身能力差异，模型存在选择偏误，估计结果未必可信。

从控制变量看，男性工作搜寻时间比女性更长。这可能是因为相比男性，女性的就业领域较窄，因此女性寻找工作的针对性更强。年龄的一次项为正，平方项为负，随着年龄的增加，就业搜寻时间先增大后减小，中等年龄的农民工一方面积累了一定的工作经验和技能水平，另一方面，年龄也不是很大，有一定的可塑性，这个年龄段的农民工有更多的选择机会，其接受一份特定工作需要更多的考量，增加了工作搜寻时间。已婚的工作搜寻时间比未婚的更短，但只在10% 的显著性水平上显著。已婚的往往会缩短失业期，因为家庭其他成员可能依靠已婚者的劳动收入而生活。其他显著的控制变量还包括受教育年限、决策能力和自信心三个变量。受教育水平越高，农民工的工作搜寻时间越长，这可能是因为教育水平越高，其专有人力资本投资越多，找到与其专有人力资本相匹配的工作需要的时间越长。决策能力和自信心与工作搜寻时间负相关，这两项人力资本水平能够提高农民工就业匹配效率。其他几个控制变量都没有通过显著性水平检验。

前文的 OLS 估计结果表明，人口 500 万以上特大或超大城市农民工就业匹配效率低于人口 500 万以下的城市。改变城市规模比较的基准，结论还成立吗？人口 300 万以上城市就业匹配效率是否比人口 300 万以下的城市更高呢？我们以人口 300 万作为上下比较的基准，OLS 估计结果见表 6.3。回归结果表明，与表 6.2 相一致，人口 300 万以上大城市农民工就业匹配效率更低。各控制变量的估计结果也与表 6.2 一致，在此不再详述。

表 6.3　　　　人口 300 万以上大城市与就业匹配效率 OLS 估计

变量	(1)	(2)	(3)	(4)	(5)
big300	1.361 ***	1.283 **	1.856 ***	1.823 ***	1.807 ***
	(0.522)	(0.515)	(0.582)	(0.589)	(0.586)
male		1.444 ***	1.528 ***	1.511 ***	1.484 ***
		(0.521)	(0.544)	(0.541)	(0.539)
age		0.858 ***	0.608 ***	0.601 ***	0.605 ***
		(0.146)	(0.159)	(0.157)	(0.157)
agesq		−0.011 ***	−0.007 ***	−0.007 ***	−0.007 ***
		(0.002)	(0.002)	(0.002)	(0.002)
marriage		−1.346 **	−1.425 *	−1.376 *	−1.381 *
		(0.676)	(0.768)	(0.756)	(0.755)
health			−1.424	−1.368	−1.356
			(1.034)	(1.032)	(1.027)
education			0.309 **	0.305 **	0.307 **
			(0.124)	(0.125)	(0.126)
train			0.234	0.271	0.296
			(0.624)	(0.615)	(0.620)
makedecision			−3.310 **	−3.224 **	−3.217 **
			(1.616)	(1.614)	(1.615)
confidence			−1.506 **	−1.499 **	−1.499 **
			(0.596)	(0.600)	(0.600)
acquaintance				−0.788	−0.759
				(0.647)	(0.652)

续表

变量	(1)	(2)	(3)	(4)	(5)
fellow				-0.512	-0.550
				(0.543)	(0.539)
estructure					0.920
					(0.930)
cons	7.674***	-7.513***	-3.052	-2.237	-3.386
	(0.360)	(2.368)	(2.581)	(2.534)	(2.969)
N	7043	7032	4650	4635	4635
adj. R²	0.001	0.005	0.009	0.009	0.009

注：括号内为稳健标准误，*、**和***分别表示在10%、5%和1%的水平上通过显著性水平检验。

（二）解决选择偏误的处理效应估计

前文的 OLS 估计结果表明，城市规模与农民工就业匹配效率负相关。由于没有考虑选择偏误，以上结论未必可信。进入不同规模城市的农民工之间存在不可观测的能力差异，这些能力差异影响农民工在城市的就业匹配效率，不解决选择偏误问题，将导致估计结果存在显著性偏差。为解决选择偏误问题，我们使用处理效应模型对上述问题重新估计。处理效应模型第一步用 Probit 估计处理变量①取值为 1 的概率，计算逆米尔斯函数；第二步，把第一步处理方程的估计结果及计算的逆米尔斯函数代入结果方程，使用 OLS 进行估计，通过上述操作可有效缓解选择偏误。以 $big500$（城市常住人口大于等于 500 万取值为 1）作为处理变量的处理效应模型估计结果见表 6.4。

表6.4　是否进入人口500万以上特大或超大城市处理效应估计结果

变量	(1)	(2)	(3)	(4)	(5)
duration					
$big500$	3.468**	2.261	-27.249***	-27.288***	-27.278***
	(1.545)	(2.168)	(0.685)	(0.687)	(0.687)

---

① 处理变量为 $big500$ 或 $big300$。

续表

变量	(1)	(2)	(3)	(4)	(5)
male		0.846	1.768**	1.753**	1.735**
		(0.621)	(0.781)	(0.785)	(0.785)
age		0.512**	1.267***	1.268***	1.271***
		(0.210)	(0.254)	(0.255)	(0.255)
agesq		−0.006**	−0.015***	−0.015***	−0.015***
		(0.003)	(0.003)	(0.003)	(0.003)
marriage		−1.559	−3.022**	−2.974**	−2.967**
		(0.949)	(1.183)	(1.191)	(1.191)
health			−0.984	−0.911	−0.907
			(0.762)	(0.766)	(0.766)
education			0.550***	0.554***	0.556***
			(0.157)	(0.157)	(0.157)
train			0.230	0.251	0.274
			(0.573)	(0.575)	(0.575)
makedecision			−2.437**	−2.344**	−2.338**
			(1.019)	(1.022)	(1.022)
confidence			−0.871	−0.874	−0.883
			(0.558)	(0.560)	(0.560)
acquaintance				−0.452	−0.429
				(0.580)	(0.581)
fellow				−0.147	−0.184
				(0.536)	(0.538)
estructure					0.739
					(0.930)
cons	5.860***	−2.650	−5.548	−5.360	−6.273
	(0.689)	(3.181)	(4.262)	(4.316)	(4.465)
big500					
male	0.051	0.049	0.005	0.006	0.006
	(0.042)	(0.042)	(0.040)	(0.040)	(0.040)
age	0.076***	0.076***	0.067***	0.067***	0.067***
	(0.014)	(0.014)	(0.013)	(0.013)	(0.013)

续表

变量	（1）	（2）	（3）	（4）	（5）
agesq	−0.001 ***	−0.001 ***	−0.001 ***	−0.001 ***	−0.001 ***
	（0.000）	（0.000）	（0.000）	（0.000）	（0.000）
marriage	−0.170 ***	−0.168 ***	−0.144 **	−0.142 **	−0.142 **
	（0.063）	（0.063）	（0.059）	（0.060）	（0.060）
education	0.011	0.010	0.015 *	0.016 **	0.016 **
	（0.008）	（0.008）	（0.008）	（0.008）	（0.008）
trafficdistance	−0.001	−0.001	−0.001 *	−0.001 *	−0.001 *
	（0.001）	（0.001）	（0.000）	（0.001）	（0.001）
countydistance	0.001	0.001	0.001	0.001	0.001
	（0.001）	（0.001）	（0.000）	（0.000）	（0.000）
wgproportion	0.005 ***	0.005 ***	0.001 *	0.001 *	0.001 *
	（0.001）	（0.001）	（0.001）	（0.001）	（0.001）
cons	−2.138 ***	−2.117 ***	−1.573 ***	−1.575 ***	−1.573 ***
	（0.238）	（0.236）	（0.219）	（0.219）	（0.219）
athrho	−0.033	0.003	1.285 ***	1.285 ***	1.285 ***
	（0.047）	（0.069）	（0.024）	（0.024）	（0.024）
lnsigma	2.960 ***	2.958 ***	3.181 ***	3.182 ***	3.182 ***
	（0.011）	（0.011）	（0.014）	（0.014）	（0.014）
LR test（chi2）	0.41	0	825.14	824.15	823.47
N	4298	4298	4298	4285	4285

注：括号内为稳健标准误，*、** 和 *** 分别表示在 10%、5% 和 1% 的水平上通过显著性水平检验。

处理方程因变量 *big*500 当城市常住人口数大于等于 500 万时取值为 1，其他取值为 0。处理方程自变量包括性别（male）、年龄（age）、年龄平方（agesq）、婚姻状况（marriage）、受教育年限（education）、老家离最近交通站的距离（trafficdistance）、老家离最近县城的距离（countydistance）以及老家有多大比重的劳动力外出务工（wgproportion）。处理方程回归结果表明，农民工随着年龄增加进入特大城市或超大城市的概率先增加后减小；未婚的比已婚的更倾向于进入人口 500 万以上的特大城市（或超大城市）；老家离最近交通站的距离在 10% 的显著水平上为负，说明交通距离对农民工外出选择大城市形成了一定的阻碍；老家所在村外出务工经商比例越大，农民工选择进入大城市的概率越高，社会网络在农民工外出务工决策中发挥着重要作用。

处理效应模型随机性 LR 检验的卡方值用来检验处理效应模型的有效性①，如果拒绝随机性的原假设，则表明存在选择偏误，处理效应模型是适宜的。回归（1）和回归（2）LR 检验的卡方值较小，没有通过显著性水平检验。回归（1）和回归（2）只包括较少的控制变量，不需要解决选择偏误问题。回归（3）~回归（5）卡方值较大并通过了显著性水平检验，使用处理效应模型是恰当的。

表 6.4 表明，回归（3）~回归（5）$big500$ 前面的系数显著为负，人口 500 万以上特大或超大城市工作搜寻天数比人口 500 万以下城市平均低 27 天。处理效应模型解决选择偏误问题后，农民工在特大或超大城市就业匹配效率提高，厚劳动力市场理论得以体现。

男性农民工找工作花费的时间比女性更长；随着年龄的增加，农民工找工作花费的天数先增加后减小；已婚农民工具有更高的就业匹配效率；受教育年限越长，找工作花费的时间越长；决策能力越强的农民工就业匹配效率越高。控制变量的估计结果与 OLS 估计结果一致，基本符合预期。

使用处理效应模型解决选择偏误问题后，农民工进入特大及超大城市的就业匹配效率得到了显著提高，厚劳动力市场理论得以体现。如果不以人口 500 万作为城市规模比较基准，农民工在规模大的城市还能从厚劳动力市场中获益吗？为了回答上述疑问，我们以 $big300$（人口 300 万以上大城市取值为 1）作为处理变量，使用处理效应模型得到的估计结果见表 6.5。LR 检验的卡方值显示，回归（3）~回归（5）使用处理效应模型是恰当的，回归（1）和回归（2）不存在选择偏误。

表 6.5　　是否进入人口 300 万以上大城市处理效应估计结果

变量	（1）	（2）	（3）	（4）	（5）
duration					
*big*300	3.383**	3.297**	-27.299***	-27.341***	-27.326***
	(1.495)	(1.541)	(0.638)	(0.640)	(0.640)
male		1.127*	-0.550	-0.521	-0.532
		(0.630)	(0.772)	(0.776)	(0.777)

① 也可以通过 athrho 的显著性来判断处理效应的有效性，与通过 LR 值的大小判断是等价的。

续表

变量	（1）	（2）	（3）	（4）	（5）
age		0.519**	0.864***	0.864***	0.865***
		(0.203)	(0.251)	(0.251)	(0.251)
agesq		-0.006**	-0.009***	-0.009***	-0.009***
		(0.003)	(0.003)	(0.003)	(0.003)
marriage		-1.528	-2.062*	-1.954*	-1.949*
		(0.943)	(1.169)	(1.176)	(1.176)
health			-0.597	-0.557	-0.553
			(0.719)	(0.724)	(0.724)
education			1.164***	1.165***	1.166***
			(0.156)	(0.156)	(0.156)
train			0.275	0.294	0.311
			(0.555)	(0.557)	(0.557)
makedecision			-2.581***	-2.492***	-2.492***
			(0.958)	(0.960)	(0.960)
confidence			-0.865	-0.863	-0.866
			(0.537)	(0.538)	(0.538)
acquaintance				-0.365	-0.348
				(0.558)	(0.559)
fellow				-0.560	-0.586
				(0.516)	(0.518)
estructure					0.521
					(0.854)
cons	5.203***	-3.989	0.581	0.954	0.307
	(0.955)	(3.237)	(4.204)	(4.254)	(4.384)
big300					
male	-0.139***	-0.142***	-0.141***	-0.141***	-0.141***
	(0.043)	(0.043)	(0.040)	(0.040)	(0.040)
age	0.034**	0.033**	0.032**	0.032**	0.032**
	(0.014)	(0.014)	(0.013)	(0.013)	(0.013)
agesq	-0.000*	-0.000	-0.000*	-0.000*	-0.000*
	(0.000)	(0.000)	(0.000)	(0.000)	(0.000)

续表

变量	（1）	（2）	（3）	（4）	（5）
marriage	-0.107*	-0.102	-0.080	-0.077	-0.077
	(0.064)	(0.064)	(0.059)	(0.059)	(0.059)
education	0.081***	0.081***	0.067***	0.067***	0.067***
	(0.009)	(0.009)	(0.008)	(0.008)	(0.008)
trafficdistance	-0.001	-0.001	-0.001	-0.000	-0.000
	(0.001)	(0.001)	(0.000)	(0.000)	(0.000)
countydistance	0.001	0.001	0.000	0.000	0.000
	(0.001)	(0.001)	(0.000)	(0.000)	(0.000)
wgproportion	0.009***	0.009***	0.002***	0.002***	0.002***
	(0.001)	(0.001)	(0.001)	(0.001)	(0.001)
cons	-1.638***	-1.612***	-1.074***	-1.076***	-1.076***
	(0.237)	(0.235)	(0.215)	(0.215)	(0.215)
athrho	-0.054	-0.052	1.362***	1.363***	1.362***
	(0.046)	(0.048)	(0.023)	(0.023)	(0.023)
lnsigma	2.961***	2.960***	3.169***	3.170***	3.170***
	(0.011)	(0.011)	(0.013)	(0.013)	(0.013)
LR test（chi2）	0.98	0.83	1055.42	1055.23	1054.16
N	4298	4298	4298	4285	4285

注：括号内为稳健标准误，*、**和***分别表示在10%、5%和1%的水平上通过显著性水平检验。

在控制住个体特征、人力资本特征以及社会资本变量后，处理效应估计结果显示，人口300万以上的大城市比人口300万以下的城市具有更高的就业匹配效率，找工作所需天数平均要少27天，厚劳动力市场理论适用于城市农民工。结果方程控制变量估计结果除性别由表6.4的显著为正变为不显著外，其他变量估计结果与表6.4一致，此处不再详述。总体来看，农民工在规模较大的城市能够从厚劳动力市场中获益，就业匹配效率更高。

四、考虑技能异质性的估计结果

农民工内部存在技能异质性，不同技能农民工的就业领域不同，与雇主议价的能力不同，就业匹配效率自然存在差异。下文将分析农民工技能异质性在厚劳动力市场理论中的体现。我们将大专以上学历定义为高技能者，高中或中专为中等技能，初中以下为低技能者，按技能分样本回归。

以是否进入人口500万以上特大或超大城市为处理变量的按技能分样本回归结果见表6.6。回归（1）~回归（3）为处理效应估计系数，LR检验表明只有回归（3）存在选择偏误，需使用处理效应模型。回归（4）和回归（5）为中低技能农民工OLS估计结果。高技能农民工在人口500万以上的特大或超大城市找工作所需天数比人口500万以下城市少11天左右，表现出显著的厚劳动力市场优势。中低技能农民工没有从特大或超大城市集聚中获得就业匹配效率的提升，找工作所需天数甚至比人口500万以下城市还要多两三天。城市规模对就业匹配效率存在技能异质性，高技能农民工从特大或超大城市集聚中受益更多。

表6.6　技能异质性估计结果（是否进入人口500万以上特大或超大城市）

变量	（1）低技能（Treatment）	（2）中等技能（Treatment）	（3）高技能（Treatment）	（4）低技能（OLS）	（5）中等技能（OLS）
duration					
*big*500	1.676	5.454 **	− 10.998 ***	1.731 **	3.503 **
	(1.130)	(2.758)	(3.970)	(0.753)	(1.405)
控制变量	Yes	Yes	Yes	Yes	Yes
*big*500					
trafficdistance	− 0.004 ***	0.002 *	0.005 **		
	(0.001)	(0.001)	(0.002)		
countydistance	0.003 ***	− 0.000	− 0.017 ***		
	(0.001)	(0.001)	(0.004)		
wgproportion	0.004 ***	0.006 ***	0.007 ***		
	(0.001)	(0.002)	(0.003)		
控制变量	Yes	Yes	Yes		
athrho	0.005	− 0.049	0.866 ***		
	(0.048)	(0.047)	(0.292)		
lnsigma	2.811 ***	3.172 ***	2.597 ***		
	(0.140)	(0.148)	(0.162)		
LR test（*chi*2）	0.01	1.11	8.76		
N	2447	1500	338	2447	1500

注：括号内为稳健标准误，*、** 和 *** 分别表示在10%、5%和1%的水平上通过显著性水平检验。

　　为检验估计结果的稳健性，我们以农民工是否进入人口 300 万以上大城市为处理变量重新估计，回归结果见表 6.7。回归（1）～回归（3）为处理效应估计结果，其中回归（2）LR 检验卡方统计量只有 3.15，在 10% 的显著性水平上认为存在选择偏差，回归（4）报告了中等技能农民工 OLS 估计结果。

表 6.7　　技能异质性估计结果（是否进入人口 300 万以上大城市）

变量	（1） 低技能 （Treatment）	（2） 中等技能 （Treatment）	（3） 高技能 （Treatment）	（4） 中等技能 （OLS）
duration				
big300	−22.911***	6.372**	−12.047***	3.350***
	(4.351)	(2.644)	(3.451)	(1.045)
控制变量	Yes	Yes	Yes	Yes
big300				
trafficdistance	−0.001	0.000	0.003	
	(0.001)	(0.001)	(0.002)	
countydistance	0.000	0.000	−0.009**	
	(0.001)	(0.001)	(0.004)	
wgproportion	0.002*	0.011***	0.012***	
	(0.001)	(0.002)	(0.003)	
控制变量	Yes	Yes	Yes	
athrho	1.115***	−0.078*	0.997***	
	(0.215)	(0.044)	(0.292)	
lnsigma	3.016***	3.173***	2.598***	
	(0.159)	(0.149)	(0.146)	
LR test（*chi2*）	26.85	3.15	11.64	
N	2447	1500	338	1500

注：括号内为稳健标准误，*、** 和 *** 分别表示在 10%、5% 和 1% 的水平上通过显著性水平检验。

　　从表 6.7 呈现的结果来看，农民工存在明显的技能异质性。低技能农民工进入人口 300 万以上大城市找工作花费天数平均比人口 300 万以下城市少 23 天，高技能农民工进入人口 300 万以上大城市找工作花费天数比人口 300

万以下城市少 12 天。处于技能两端的农民工从厚劳动力市场中提高了就业匹配效率。中等技能农民工在人口 300 万以上城市找工作花费天数比人口 300 万以下城市更多，中等技能农民工没有从厚劳动力市场中受益。技能异质性与不同技能农民工所从事的职业类型有关，中等技能农民工主要从事生产操作类职业，按照极化理论，随着科技的发展，大城市对此类职业的用工需求逐渐减少，中等技能求职者在大城市找到工作的难度更大。

研究表明农民工在大城市更容易找到工作，厚劳动力市场理论可以部分解释农民工大城市市民化意愿高的现实状况。从就业匹配的角度看，农民工从城市集聚中获得了收益，农民工进入大城市寻找工作并具有较高的市民化意愿有其合理性。

第二节　城市规模与人力资本外部性

一、引言

下文将从人力资本外部性角度为城市规模影响农民工市民化意愿和能力提供解释。按照发展经济学相关理论，一个国家或地区的城镇化是劳动力从传统低技能、土地密集的农业转向人力资本密集的城市非农就业的过程（Lucas，2004）。人力资本外部性理论认为，城市不仅可以提供较高的技能回报，由于人力资本的集聚，知识、技能的获取、传播更加通畅，成本更低，单个劳动者有更多的技能学习、提升的机遇。不同技能劳动力聚集在一起，通过学习互动，经过知识生成、扩散和累积的过程，提高各自生产效率和收入水平。人们普遍认为，高技能劳动力的人力资本外部性较大，低技能劳动力通过生产中与高技能劳动力的互补关系也能从与高技能劳动力互动中受益。

一些学者对发达经济体劳动力市场的研究证实地区人力资本水平越高，该地区收入和生产率越高。Moretti（2004a）使用城市拥有大学学历的从业者在全部劳动力中的占比对个人工资进行估计，得出"群体中高技能劳动力占比越高，个人工资越高"的结论。Moretti（2004b）把个人工资换成城市层面的全要素生产率，同样证实了正的人力资本外部性的存在。Rosenthal和 Strange（2008）使用与 Moretti（2004a）类似的方法得出了美国城市存在正的人力资本外部性的结论，而且发现人力资本外部性随距离的增加迅速衰减，在 0~8 公里的中心圈外部性效应是 8~40 公里外围圈外部性效应的 3.5 倍，这与 Fu（2007）的结论一致。Fu（2007）使用美国波士顿地区数据，发现人力资本外部性效应在 5 公里外开始衰减。除以上对美国的研究外，Rice 等（2006）对英国、Combes 等（2008）对法国、Andrés 和 Tselios（2012）对欧盟国家的研究都得出了"劳动力组成中高技能占比越高，劳动者收入和生产效率越高"的结论。不过，也有研究发现人力资本外部性并不明显，如 Ciccon 和 Peri（2006）使用固定组成方法（Constant Composition Approach）估算了美国 1970—1990 年城市和州层面的平均受教育水平对城市平均工资的影响，发现没有证据表明存在正的人力资本外部性。

目前，对中国人力资本外部性的研究也在进行之中。Liu（2007）使用 1988 年和 1995 年的 CHIP 数据，采用义务教育法执行情况作为城市劳动力平均受教育年限的工具变量，得出中国城市同样存在正的人力资本外部性的结论。平均受教育水平每提高 1 年，个人年收入增加 11%~13%，具有非常强的外部性效应。孙三百（2016）使用 2010 年中国综合社会调查数据（CGSS），采用 2000 年人口普查及城市年鉴中的历史数据作为当前人力资本的工具变量，研究发现市外迁移者所在城市与家乡人力资本存量的比值每增加 1%，迁移者年收入增长 0.2%，人力资本外部性促进了城市移民收入的增长。不过，我们也能找到使用中国数据证实没有显著人力资本外部性的文献。梁文泉和陆铭（2016）利用第二次全国经济普查微观服务业企业层面数据，使用 20 世纪 50 年代高校院系调整过程中迁入城市大学系所的数量作为城市高技能劳动力比例的工具变量，发现不存在显著的人力资本外部性。

以上文献为我们的研究提供了很好的借鉴。尽管很多研究证明存在正的人力资本外部性，但对人力资本外部性的衡量缺乏一致的指标，异质性问题没有得到根本解决，在这方面还需要深入分析。另外，虽然梁文泉和陆铭（2016）考虑了城市规模对劳动力工资的影响，但只局限于服务业，没有区分不同技能劳动力的差异。

人力资本外部性理论可用来解释农民工在不同规模城市市民化意愿和能力的差异吗？总体技能水平较低的农民工能否从城市人力资本集聚中获益？相比小城市，农民工在大城市更能从人力资本外部性中受益吗？不同技能水平、不同地区、不同职业的农民工从城市人力资本外部性中受益的程度相同吗？对这些问题的解答有助于理解城市规模与农民工市民化意愿和能力的关系。如果农民工在不同规模城市的人力资本外部性受益程度存在明显差别，则直接影响农民工市民化意愿决策和市民化能力水平，人力资本外部性理论就可用来解释城市规模与农民工市民化意愿和能力间的关系。

我们使用 2015 年国家卫生和计划生育委员会流动人口动态监测调查数据，以各城市劳动力中大专及以上学历占比作为城市人力资本的代理变量，考察人力资本水平高的城市是否促进了个体工资水平的上升，以验证人力资本外部性的存在。估计结果表明：第一，农民工从城市人力资本外部性中获益。城市人力资本水平越高，农民工个体收入水平越高。第二，城市规模对农民工人力资本外部性获益程度具有正向影响。相比常住人口 500 万以下的城市，农民工在特大或超大城市从人力资本外部性中获益更多；相比常住人口 100 万以下的中小城市，农民工在人口 100 万以上的大城市从人力资本外部性中获益更多。第三，高技能农民工比中低技能农民工从人力资本外部性中获益更多，职业为生产操作人员和其他人员的农民工比商业服务人员从人力资本外部性中获益更多，流入中西部地区和东北地区的农民工从城市人力资本外部性中的获益多于流入东部地区的农民工。

二、计量模型设定和变量描述

（一）计量模型设定

如果人力资本外部性理论正确的话，在平均人力资本水平高的城市工作的劳动者收入更高。下文使用高技能劳动力在城市劳动力中的份额测度城市人力资本水平，其对个体收入的影响见式（6.3）。

$$\ln wage_{ij} = \alpha_1 \ln highp_j + X\beta_i + \varepsilon_{ij} \tag{6.3}$$

其中，$\ln wage_{ij}$ 表示农民工个体 i 在城市 j 的收入的对数；$\ln highp_j$ 表示城市 j 大专及以上学历在劳动力中份额的对数，用来表示城市平均人力资本水平；X 为个体 i 的特征，包括性别、年龄、年龄平方、婚姻状况、流动范围和流动时长等；ε_{ij} 为没有被模型解释的扰动项。如果 $\ln highp_j$ 前面的系数 α_1 显著为正，则人力资本正外部性存在。另外，我们除了关心农民工是否从城市人力资本外部性中受益，还重点关注城市规模对农民工人力资本外部性的影响，因此考虑加入城市规模变量，见式（6.4）。

$$\ln wage_{ij} = \alpha_1 \ln highp_j + \alpha_2 scale + \alpha_3 scale \times \ln highp_j + X\beta_i + \varepsilon_{ij} \quad (6.4)$$

其中，$scale$ 表示城市规模，为二值变量，在不同估计方程中，分别用人口500万以上城市、人口100万以上城市表示。① α_3 的显著性和符号表示农民工在不同规模城市从人力资本外部性受益程度的高低。

除式（6.3）和式（6.4）外，我们也考虑不同技能水平的农民工、流入不同区域的农民工以及不同职业类型农民工从城市人力资本外部性中受益程度的差异，计量模型在式（6.4）的基础上分别加入代表农民工技能、流入区域、职业的虚拟变量及其与城市人力资本水平的交乘项。如考虑农民工技能差异的估计方程为式（6.5）。其中，$skill_i$ 用来表示个体 i 的技能水平。在另外两种情况下，$skill_i$ 被替换为 $region_j$（地区）和 $vocation_i$（职业）。

$$\ln wage_{ij} = \alpha_1 \ln highp_j + \alpha_2 scale + \alpha_3 scale \times \ln highp_j$$
$$+ \alpha_4 skill_i + \alpha_5 skill_i \times \ln highp_j + X\beta_i + \varepsilon_{ij} \quad (6.5)$$

（二）数据说明和变量描述

本节数据来自国家卫生和计划生育委员会2015年流动人口动态监测调查，下文主要对样本选择过程和变量进行描述说明。城市平均人力资本水平用大专及以上学历劳动力所占份额表示，因此需要得到各城市劳动力受教育程度分布的相关数据，2015年该项数据可从各省（自治区、直辖市）2015年1%人口抽样调查资料中找到。在全国31个省（自治区、直辖市）中，目前只有19个省（自治区、直辖市）公布了汇总的2015年1%人口抽样调查资料，再加上北京市劳动力受教育程度数据可从《2015年全国1%人口抽样调查资料》中找到，因此本节所使用的农民工数据来自全国20个省（自治区、直辖市）159个城市。从地区分布看，包括东部的北京、天津、河北、上海、江苏、浙江、福建、广东和海南，中部的江西、河南和湖南，西部的广西、重庆、云南、陕西、甘肃、青海和宁夏以及东北的黑龙江。

本节的因变量为个人月收入，对应调查问卷的问题是"您个人上个月

---

① 本节中的城市规模没有用城市常住人口数来代理，而是选择使用定性变量，这样做的好处在于方便对式（6.4）中的城市规模与城市人力资本指标交乘项进行解释。如果使用城市常住人口数作为城市规模的代理变量，不会影响模型的基本结论，但不易解释。

（或上次就业）收入多少"。核心解释变量为城市人力资本水平和城市规模，城市人力资本水平用大专及以上学历从业者在劳动力中的份额表示，城市规模在不同情况下以是否为人口 500 万以上特大或超大城市、是否为人口 100 万以上大城市定性表示。控制变量包括性别、年龄、婚姻状况、流动范围和流动时长等，我们也考虑不同技能水平、不同区域以及不同职业类型农民工的差异，变量的描述性统计结果见表 6.8。

表 6.8 **变量描述性统计**

变量	变量具体含义	样本数	均值	标准差	最小值	最大值
wage	个体月收入	78912	4018.841	4484.875	0	500000
highp	劳动力中大专及以上学历占比	90054	0.342	0.109	0.109	0.579
male	男性	90054	0.525	0.499	0	1
age	年龄	90054	34.362	9.924	15	91
marriage	已婚	90054	0.804	0.397	0	1
florage	跨省流动	9054	0.538	0.499	0	1
flolong	流动时长	9054	5.442	4.722	1	46
skill	技能水平					
low	低技能	90054	0.688	0.463	0	1
middle	中等技能	90054	0.229	0.420	0	1
high	高技能	90054	0.083	0.276	0	1
region	所在地区					
east	东部地区	90054	0.591	0.492	0	1
midland	中部地区	90054	0.146	0.354	0	1
west	西部地区	90054	0.238	0.426	0	1
northeast	东北地区	90054	0.025	0.155	0	1
vocation	职业类型					
syfw	商业服务人员	77195	0.625	0.484	0	1
sccz	生产操作人员	77195	0.263	0.440	0	1
qt	其他人员	77195	0.112	0.316	0	1

注：样本由 20 个省（自治区、直辖市）159 个城市的农民工样本组成。

2015 年样本农民工平均月收入为 4019 元，高于《2015 年农民工监测调查报告》公布的外出农民工月收入（3359 元），主要原因在于本节样本农民工都是在城市市辖区就业的，而《2015 年农民工监测调查报告》中统计的外出农民工，既包括流入城市的农民工，也包括流入县城以及乡镇的农民工，流入市辖区的农民工平均收入一般比流入县城、乡镇的农民工高。159个城市中，大专及以上学历劳动力的占比平均为 34.2%，最低的为广东省潮州市（10.9%），最高的为北京市（57.9%）。技能方面，中等技能农民工（受教育程度为高中或中专）占 22.9%，高技能农民工（受教育程度为大专及以上）占 8.3%，70% 左右的农民工为初中以下的低技能。样本城市处于中部地区的占 14.6%，西部地区占 23.8%，东北地区占 2.5%，60% 左右的农民工位于东部地区。从农民工职业分布看，商业服务人员占 62.5%，生产操作人员占 26.3%，这两类职业是农民工主要从事的职业。其他控制变量描述性统计结果见表 6.8，此处不再详细描述。

三、城市规模与人力资本外部性实证分析

（一）基准回归结果

城市规模对人力资本外部性的回归结果见表 6.9，被解释变量为个人收入的对数值（lnwage），城市人力资本变量用劳动力市场中大专及以上学历所占比重的对数值（lnhighp）表示。回归（1）结果显示具有正的人力资本外部性，在控制了性别、年龄、婚姻状况、流动范围、流动时长变量后，城市高学历劳动力比重每增加 1%，个人收入平均增加 9.9%，具有显著的人力资本外部性。农民工从城市人力资本外部性中获益，提高了个人收入水平。回归（2）加入了代表特大或超大城市的变量（big500），农民工在人口超过 500 万的特大或超大城市的平均收入比人口 500 万以下城市高9.2%。尽管特大及超大城市落户条件苛刻、生活成本高，但农民工还是选择流到这些城市，获取更高的收入。为考察城市规模对城市人力资本外部性的影响，回归（3）加入了城市规模与人力资本的交乘项（big500#lnhighp）。加入交乘项不会改变城市人力资本变量和特大以上城市变量系数的符号以及显著性，城市人力资本外部性依然显著为正，特大或超大城市收入水平高于人口 500 万以下城市。回归（3）的回归结果显示，人力资本外部性程度随城市规模的增加而增大，人口 500 万以上的特大或超大城市人力资本外部性比人口 500 万以下城市高 7.1%。回归（4）的估计结果显示，

人口100万以上的大城市平均收入比人口100万以下的中小城市高5.2%。回归（5）加入了城市规模（big100）与城市平均人力资本（lnhighp）的交乘项（big100#lnhighp），大城市人力资本外部性水平高于中小城市，比中小城市平均高2.6%。表6.9的OLS估计结果说明，对广大进城农民工来说，在平均人力资本水平高的城市可以获得更高的收入，在规模更大的城市能够获得更高的收入，并且规模更大城市的人力资本外部性程度高于规模小的城市。

表6.9　　　　　　　　城市规模与人力资本外部性的OLS估计结果

变量	（1）	（2）	（3）	（4）	（5）
lnhighp	0.099 ***	0.059 ***	0.043 ***	0.075 ***	0.055 ***
	（0.005）	（0.005）	（0.006）	（0.005）	（0.012）
big500		0.092 ***	0.164 ***		
		（0.005）	（0.015）		
big500#lnhighp			0.071 ***		
			（0.014）		
big100				0.052 ***	0.086 ***
				（0.005）	（0.018）
big100#lnhighp					0.026 **
					（0.013）
male	0.251 ***	0.252 ***	0.252 ***	0.251 ***	0.251 ***
	（0.004）	（0.004）	（0.004）	（0.004）	（0.004）
age	0.041 ***	0.042 ***	0.042 ***	0.041 ***	0.041 ***
	（0.001）	（0.001）	（0.001）	（0.001）	（0.001）
agesq	− 0.001 ***	− 0.001 ***	− 0.001 ***	− 0.001 ***	− 0.001 ***
	（0.000）	（0.000）	（0.000）	（0.000）	（0.000）
marriage	0.163 ***	0.162 ***	0.162 ***	0.166 ***	0.166 ***
	（0.005）	（0.005）	（0.005）	（0.005）	（0.005）
florage	0.123 ***	0.098 ***	0.092 ***	0.113 ***	0.111 ***
	（0.004）	（0.004）	（0.004）	（0.004）	（0.004）
flolong	0.001 ***	0.001 **	0.001 *	0.001 ***	0.001 ***
	（0.000）	（0.000）	（0.000）	（0.000）	（0.000）

变量	（1）	（2）	（3）	（4）	（5）
cons	7.400***	7.312***	7.288***	7.329***	7.301***
	(0.024)	(0.025)	(0.025)	(0.025)	(0.029)
N	78609	78609	78609	78609	78609
adj. R^2	0.122	0.126	0.126	0.123	0.123

注：被解释变量为个人月收入的对数值，*big*500、*big*100 分别表示常住人口超过 500 万的特大或超大城市以及常住人口超过 100 万的大城市；括号内为稳健标准误，*、** 和 *** 分别表示在 10%、5% 和 1% 的水平上通过显著性水平检验。

从表6.9 中的控制变量看，男性（*male*）比女性收入水平高；随着年龄（*age*）的增加，农民工收入先增加后减小，呈倒"U"形；已婚（*marriage*）农民工具有更高的收入水平；跨省流动（*florage*）农民工收入高于省内流动；流动时长（*flolong*）越长，农民工收入越高。控制变量的估计结果与已有文献相似，估计结果较为客观可信。

（二）考虑技能、地区和职业异质性

上述估计结果没有考虑不同技能农民工受人力资本外部性影响的差异，不同技能水平农民工的学习能力存在差异，接受城市高技能劳动力技能外溢的程度有所不同，因此需要考虑不同技能水平的农民工人力资本外部性差异。加入技能及技能与城市人力资本水平交乘项的估计结果见表6.10。回归（1）~回归（4）的因变量为个人月收入的对数值，城市人力资本水平以劳动力市场中大专及以上学历所占比重的对数值表示，城市规模分别以是否为人口 500 万以上特大或超大城市、是否为人口 100 万以上的大城市表示，农民工技能水平分为低技能（教育程度为初中及以下）、中等技能（高中或中专）以及高技能（大专及以上）。

表6.10　加入技能、技能与城市人力资本交乘项的 OLS 估计结果

变量	（1）	（2）	（3）	（4）
ln*highp*	0.032***	0.028***	0.044***	0.041***
	(0.006)	(0.007)	(0.012)	(0.012)
*big*500	0.157***	0.152***		
	(0.015)	(0.015)		

续表

变量	（1）	（2）	（3）	（4）
*big*500#ln*highp*	0.073*** (0.014)	0.069*** (0.014)		
*big*100			0.078*** (0.018)	0.075*** (0.018)
*big*100#ln*highp*			0.023* (0.013)	0.020 (0.013)
middle	0.101*** (0.004)	0.095*** (0.013)	0.102*** (0.004)	0.096*** (0.013)
high	0.217*** (0.007)	0.307*** (0.023)	0.222*** (0.007)	0.315*** (0.023)
middle#ln*highp*		−0.005 (0.011)		−0.006 (0.011)
high#ln*highp*		0.085*** (0.020)		0.087*** (0.020)
控制变量	Yes	Yes	Yes	Yes
N	78609	78609	78609	78609
adj. R^2	0.141	0.142	0.139	0.139

注：被解释变量为个人月收入的对数值，*big*500、*big*100 分别表示常住人口超过 500 万的特大或超大城市以及常住人口超过 100 万的大城市；控制变量包括性别、年龄、年龄的平方、婚姻状况、流动范围和流动时长。括号内为稳健标准误，* 和*** 分别表示在 10% 和 1% 的水平上通过显著性检验。

加入技能及技能与城市人力资本水平的交乘项后，城市人力资本外部性依然显著为正。平均来看，大专及以上学历在城市劳动力中的占比每提高 1%，农民工月收入增加 2.8% ~18.2%①。加入技能变量后，农民工在特大或超大城市月收入高于人口 500 万以下的城市，在人口 100 万以上大城市的月收入高于人口 100 万以下的中小城市，可见大城市具有较高的收入水平，并且人口 500 万以上特大城市或超大城市人力资本外部性水平高于人口 500 万以下城市（*big*500#ln*highp* 系数显著为正），人口 100 万以上大城市的

① 回归（2）显示，城市人力资本水平每提高 1%，高技能农民工在特大城市的收入提高 18.2%（0.028 + 0.069 + 0.085 = 0.182）。

人力资本外部性并不比中小城市高多少（*big*100#ln*highp* 系数不显著或只在10%的显著水平上显著）。大城市和中小城市人力资本外部性的差别远没有特大或超大城市与一般城市的差别那么大，知识的集聚、创造、外溢主要发生在特大或超大城市。从技能水平看，高技能农民工收入高于中低技能农民工，中等技能农民工收入高于低技能农民工。从技能水平与城市人力资本水平交乘项系数看，高技能农民工受城市人力资本正外部性的影响远高于中低技能农民工，高技能农民工更容易在与城市其他高技能就业者的互动中获得收入水平的显著提升。

加入地区控制变量以及地区与城市人力资本水平交乘项的估计结果见表6.11。20个样本省份中包括9个东部省份、3个中部省份、7个西部省份以及1个东北省份。加入地区控制变量及与城市人力资本水平交乘项后，城市人力资本正外部性依然成立，特大或超大城市收入高于其他城市，大城市收入高于中小城市，这些结论与前文的估计结果一致。城市规模与城市人力资本水平交乘项的四个回归方程中，只有回归（2）通过了1%的显著性水平检验，其他三个回归方程均不显著。因此，总体来看，特大以及超大城市比其他类型城市具有显著的人力资本外部性，大城市与中小城市间的人力资本外部性差异并不明显。

表6.11　加入地区、地区与城市人力资本水平交乘项的 OLS 估计结果

变量	(1)	(2)	(3)	(4)
ln*highp*	0.084*** (0.006)	0.031*** (0.007)	0.093*** (0.012)	0.077*** (0.012)
*big*500	0.067*** (0.016)	0.137*** (0.017)		
*big*500#ln*highp*	−0.007 (0.015)	0.043*** (0.015)		
*big*100			0.051*** (0.019)	0.059*** (0.018)
*big*100#ln*highp*			0.003 (0.014)	0.011 (0.013)
midland	−0.031*** (0.006)	0.150*** (0.019)	−0.042*** (0.006)	0.030* (0.018)

变量	（1）	（2）	（3）	（4）
west	− 0. 093 ***	0. 082 ***	− 0. 099 ***	− 0. 074 ***
	（0. 005）	（0. 025）	（0. 005）	（0. 022）
northeast	− 0. 189 ***	0. 198 **	− 0. 218 ***	0. 043
	（0. 011）	（0. 090）	（0. 011）	（0. 090）
midland#lnhighp		0. 154 ***		0. 065 ***
		（0. 016）		（0. 016）
west#lnhighp		0. 155 ***		0. 024
		（0. 023）		（0. 021）
northeast#lnhighp		0. 356 ***		0. 246 ***
		（0. 086）		（0. 086）
控制变量	Yes	Yes	Yes	Yes
N	78609	78609	78609	78609
adj. R^2	0. 132	0. 133	0. 130	0. 131

注：被解释变量为个人月收入的对数值，*big*500、*big*100 分别表示常住人口超过 500 万的特大或超大城市以及常住人口超过 100 万的大城市；控制变量包括性别、年龄、年龄的平方、婚姻状况、流动范围和流动时长。括号内为稳健标准误，*、** 和*** 分别表示在 10% 、5% 和 1% 的水平上通过显著性水平检验。

回归（1）和回归（3）表明，农民工在中西部地区以及东北地区的收入水平都低于东部地区，尤其是东北地区收入水平最低。但中部地区和东北地区人力资本外部性程度大于东部地区，回归（2）显示如果农民工从东部地区流入西部地区尤其是西部的特大城市，人力资本外部性程度提高 15.5% 。表6.11 的估计结果具有一定的政策含义，在中西部、东北地区培育人口超过 500 万的特大或超大城市能够提高人力资本外部性，并且比在东部地区培育特大城市更有经济意义。2016 年国家在原有 5 个中心城市①的基础上确立了成都、武汉和郑州作为国家中心城市，2018 年 2 月又确立了西安为国家中心城市，不断加大对中西部地区规模较大城市的扶持力度。从我们的估计结果来看，在中西部以及东北地区扶持特大城市建设具有较强的经济意义。

---

① 最初的 5 个中心城市为北京、天津、上海、重庆和广州。

加入代表农民工职业类型、职业与城市人力资本水平交乘项的 OLS 估计结果见表 6.12。回归（1）~回归（4）的结果显示了正的人力资本外部性的存在，城市劳动力市场中高技能占比每增加 1%，农民工月收入增加 1.8%~15.5%[①]。农民工在特大或超大城市的月收入高于其他城市，在人口超过 100 万的大城市月收入高于中小城市。特大或超大城市比一般城市具有更强的人力资本外部性，特大城市与城市人力资本水平交乘项显著为正。与中小城市相比，人口超过 100 万的大城市并不具有显著的人力资本外部性，其系数要么不显著，要么只在 10% 的显著性水平上显著。

表 6.12　　加入职业类型、职业与城市人力资本交乘项的 OLS 估计结果

变量	（1）	（2）	（3）	（4）
ln$highp$	0.030 ***	0.018 **	0.045 ***	0.028 **
	（0.006）	（0.008）	（0.012）	（0.014）
big500	0.166 ***	0.165 ***		
	（0.015）	（0.015）		
big500#ln$highp$	0.071 ***	0.070 ***		
	（0.014）	（0.015）		
big100			0.083 ***	0.081 ***
			（0.018）	（0.018）
big100#ln$highp$			0.023 *	0.020
			（0.013）	（0.013）
$sccz$	−0.056 ***	−0.042 ***	−0.055 ***	−0.027 **
	（0.004）	（0.012）	（0.004）	（0.012）
qt	−0.037 ***	0.038 *	−0.032 ***	0.059 ***
	（0.006）	（0.020）	（0.006）	（0.020）
$sccz$#ln$highp$		0.013		0.025 **
		（0.010）		（0.010）
qt#ln$highp$		0.067 ***		0.082 ***
		（0.017）		（0.018）

————————————

　　[①]　回归（2）显示，城市人力资本每增加 1%，特大及超大城市其他职业农民工收入提高 15.5%（0.018 + 0.070 + 0.067 = 0.155）。

续表

变量	（1）	（2）	（3）	（4）
控制变量	Yes	Yes	Yes	Yes
N	77117	77117	77117	77117
adj. R^2	0.127	0.128	0.124	0.124

注：被解释变量为个人月收入的对数值，big500、big100 分别表示常住人口超过 500 万的特大或超大城市以及常住人口超过 100 万的大城市；控制变量包括性别、年龄、年龄的平方、婚姻状况、流动范围和流动时长。括号内为稳健标准误，*、** 和 *** 分别表示在 10%、5% 和 1% 的水平上通过显著性水平检验。

回归（1）和回归（3）显示，农民工从事商业服务类职业的收入最高，高于生产操作类职业和其他职业。与此同时，农民工从事商业服务类职业具有最低的人力资本外部性。回归（4）显示农民工如果从商业服务类职业转向生产操作类职业，人力资本外部性程度提高 2.5%。回归（2）和回归（4）表明，农民工从商业服务类职业转向其他职业①，人力资本外部性程度提高 6.7% ~ 8.2%。不同职业类型农民工的人力资本外部性存在明显差异。虽然从事商业服务类职业的农民工占比较大，收入也高，但这类职业从业者整体技能水平偏低，缺少与高技能劳动者的学习互动，不利于从人力资本外部性中获益。

四、稳健性检验

本部分主要从两个方面进行稳健性检验：首先，改变城市人力资本测度方法，使用城市人均受教育水平作为城市人力资本的代理变量，以考察农民工是否从城市人力资本外部性中获益以及城市规模与人力资本外部性的关系；其次，考虑是否存在样本选择偏差，前文的样本省份包括 20 个省（自治区、直辖市），所得研究结论是否能够适用于全国还需要进一步分析，因此下文拟把样本范围扩大到全国 31 个省（自治区、直辖市）。

以城市劳动力平均受教育年限（averagee）为城市人力资本代理变量的估计结果见表 6.13。在控制住性别、年龄、年龄的平方、婚姻状况、流动范围、流动时长、技能水平、地区和职业类型变量后，回归（1）的估计结

---

① 其他职业包括单位负责人、专业技术人员、办事人员、农林牧渔从业人员及其他不便分类的职业。

果表明，城市人口平均受教育年限每增加 1 年，农民工月收入提高 2.9%，农民工从城市人力资本外部性中显著获益。回归（2）在回归（1）的基础上加入了特大城市以及特大城市与城市人口平均受教育年限的交乘项。回归（2）的估计结果显示人口 500 万以上的特大或超大城市具有更高的人力资本外部性，常住人口 500 万以下的城市人口平均受教育年限每增加 1 年，农民工平均月收入增加 0.8%，而在人口 500 万以上的特大或超大城市，城市人口平均受教育年限每增加 1 年，农民工平均月收入增加 2.7%[1]。显然，特大或超大城市人力资本外部性超过一般城市。回归（2）big500 前面的回归系数为负数并不代表特大或超大城市农民工月收入低于一般城市，城市人口平均受教育程度的均值为 11.75，最小值和最大值分别为 9.65 和 13.52，农民工在特大或超大城市的月收入比一般城市高 3.5% ~ 11%[2]。回归（3）averagee 前面的回归系数不显著，大城市与城市人口平均受教育年限交乘项系数显著为正，表明人口 100 万以下城市不存在显著的人力资本外部性，而在人口 100 万以上的城市，城市人口平均受教育年限每增加 1%，农民工月收入增加 2.5%，具有明显的人力资本外部性。以城市劳动力平均受教育年限作为城市人力资本的代理变量，没有改变模型的基本结论。

表 6.13　以城市劳动力平均受教育年限作为城市人力资本代理变量的估计结果

变量	（1）	（2）	（3）
averagee	0.029 *** (0.002)	0.008 *** (0.003)	− 0.000 (0.005)
big500		− 0.148 ** (0.063)	
big500#averagee		0.019 *** (0.005)	
big100			− 0.229 *** (0.062)
big100#averagee			0.025 *** (0.006)
控制变量	Yes	Yes	Yes

① 回归（2）的估计结果表明，在特大或超大城市，城市人口平均受教育年限每增加 1 年，农民工月收入增长幅度为 2.7%（0.008 + 0.019 = 0.027）。
② 0.035 = − 0.148 + 0.019 × 9.65，0.11 = − 0.148 + 0.019 × 13.52。

续表

变量	（1）	（2）	（3）
N	78609	78609	78609
adj. R^2	0.121	0.126	0.123

注：被解释变量为个人月收入的对数值，averagee 表示城市劳动力平均受教育年限。big500、big100 分别表示常住人口超过 500 万的特大或超大城市以及常住人口超过 100 万的大城市。控制变量包括性别、年龄、年龄的平方、婚姻状况、流动范围、流动时长、技能水平、地区以及职业类型。括号内为稳健标准误，** 和 *** 分别表示在 5% 和 1% 的水平上通过显著性水平检验。

之前的样本包括 20 个省份，全国还有 11 个省份没有被包含在内，接下来我们检验样本省份的选择是否对回归结果产生影响。受数据所限，我们无法整理出 2015 年全国所有城市劳动力教育程度分布数据，但能够找到 2010 年第六次人口普查各城市劳动力受教育程度分布情况，以 2010 年各城市大专及以上学历劳动力所占份额作为 2015 年城市人力资本的代理变量，这样我们的样本就包括全国所有省份的有关城市，可用来检验样本省份选择对回归结果的影响，估计结果见表 6.14。

表 6.14　　使用全国 31 个省（自治区、直辖市）样本 OLS 估计结果

变量	（1）	（2）	（3）	（4）	（5）
lnhighp2010	0.070 ***	0.045 ***	0.041 ***	0.069 ***	0.087 ***
	（0.003）	（0.004）	（0.004）	（0.004）	（0.009）
big500		0.081 ***	0.141 ***		
		（0.004）	（0.017）		
big500#lnhighp2010			0.035 ***		
			（0.009）		
big100				0.003	− 0.032
				（0.005）	（0.025）
big100#lnhighp2010					− 0.015
					（0.010）
控制变量	Yes	Yes	Yes	Yes	Yes
N	103882	103882	103882	103882	103882
adj. R^2	0.140	0.143	0.143	0.140	0.126

注：被解释变量为个人月收入的对数值，big500、big100 分别表示常住人口超过 500 万的特大或超大城市以及常住人口超过 100 万的大城市；控制变量包括性别、年龄、年龄的平方、婚姻状况、流动范围、流动时长、受教育程度、地区以及职业类型。括号内为稳健标准误，*** 表示在 1% 的水平上通过显著性水平检验。

回归（1）~回归（5）城市人力资本（lnhighp2010）前的系数显著为正，表明城市人力资本正外部性的存在。回归（2）表明农民工在特大或超大城市比一般城市获得更高的收入，回归（3）表明特大或超大城市人力资本外部性程度高于一般城市，在人口 500 万以下的城市，高技能劳动力份额每增加 1%，农民工月收入平均增加 4.1%，而在特大以及超大城市，农民工月收入平均增加 7.6%，显示出特大以及超大城市较强的人力资本外部性。虽然回归（4）和回归（5）证明了人力资本外部性的存在，但大城市（常住人口 100 万以上）并不比中小城市具有更强的人力资本外部性，可见只有在人口规模足够大的城市，人力资本外部性才会显著提升。增加样本的全国代表性后，新的估计结果证明了人力资本外部性的存在，城市人口达到一定规模后，城市规模的增加对人力资本外部性具有显著的正向影响，表 6.14 与前面的估计结果基本一致，证明了回归结果的稳健性。

农民工在规模大的城市能够从人力资本外部性中受益，并且规模越大，受益程度越高。这为农民工在大城市较高的市民化意愿提供了解释，尽管市民化能力受到限制，但农民工能够从大城市人力资本外部性中获得收入水平的提升，更愿意在大城市长期居住，最终实现市民化。用相对收入、住房自有状况表示的市民化能力偏低，可能与工资歧视和购房限制政策有关，但不能就此认为农民工不该留在大城市，无法在大城市实现市民化。农民工如果从大城市回到家乡中小城市，从人力资本外部性角度看，其收入水平会受到很大影响。

第三节　城市规模、职业结构与劳动力市场极化

一、引言

本节拟从职业结构以及劳动力市场极化的角度研究城市规模与农民工市民化意愿和能力之间的关系。早在 20 世纪 80 年代，欧美发达经济体就出现了显著的劳动力市场极化现象。高技能和低技能劳动力就业份额与相对工资水平较中等技能劳动力有了较大程度的提高，中等技能劳动力就业份额不断下降，工资水平增长缓慢。对劳动力市场极化现象的研究最早见于 Autor 等（2003），他们把极化归结于技术对不同工作任务（task）的替代和

互补程度间的差异。随后，Autor 等（2006）、Goos 和 Manning（2007）分别使用美国和英国劳动力市场数据对极化现象进行了实证分析。研究表明，中等技能劳动力集中在常规性任务较多的职业，如一线生产工人、行政文员等。20 世纪 80 年代开始，科技进步使机器和计算机为代表的资本品的价格不断下降，机器和计算机技术被越来越多地应用到工作中，替代了大量常规性工作，并导致中等技能劳动力就业份额下降。不同于技能偏向型技术进步所认为的高技能劳动力相对于低技能劳动力面临技术冲击的优势，劳动力市场极化现象归因于常规偏向型技术进步（Routine-Biased Technical Change，RBTC），即技术进步使常规性的、可重复的工作被机器替代，非常规性工作通过使用机器提高了生产效率。

　　劳动力市场极化目前主要是对特定国家和地区的现象研究。如 Autor 等（2006，2008）、Autor 和 Dorn（2013）对美国的研究，Goos 和 Manning（2007）对英国的研究，Spitz-Oener（2006）、Dustmann 等（2009）对德国的研究，以及 Goos 等（2014）、Michaels 等（2014）分别对欧洲 16 个国家和 11 个国家的跨国研究。近年来，对中国劳动力市场极化的研究也开始出现。吕世斌和张世伟（2015）使用中国 1998—2009 年制造业数据证实了中国劳动力市场极化现象的存在。江永红等（2016）研究了产业结构升级对中国劳动力市场极化的影响。李宏兵等（2017）使用中国工业企业数据库发现中国企业对外直接投资增加了高技术和低技术企业的就业水平，而对中等技术企业影响较小，造成了一定程度上的就业极化。目前，无论是对发达国家的研究还是对中国的研究，都没有关注城市规模对就业极化的影响。显然，在中国不同规模城市，信息技术的普及和应用程度有较大差别，对职业的影响也不同。

　　中国自改革开放以来保持了长期高速的经济增长水平，经济总量不断增大，人民生活水平不断提高，同时科技实力显著增强。当前中国总体科技水平早已走在了发展中国家前列，在某些领域如超级计算机、大数据应用、移动互联甚至达到了世界领先水平。科技在不断改变人们生活的同时也改变着人们所从事的职业。根据常规偏向型技术进步理论，机器和计算机更容易对那些常规性、重复性、需要精细操作的职业形成替代，由此中国劳动力市场是不是也会出现欧美发达经济体的极化现象（中等技能劳动力职业份额下降，高技能和低技能劳动力份额提高）？另一方面，考虑到中国地区之间发展水平的巨大差距，北京、上海、广州、深圳无论是科技创新实力还是科技对职业的渗透程度，都比中西部小城市深入和广泛得多，科学技术对中国劳动力市场的影响存在地区以及城市差异。大城市高技能劳动力的聚集推动了科技水平的不断提升，机器和计算机的应用对职业结构产生了冲击，大城市具有比中小城市更高的极化可能性。研究中国城市规模对职业结构和劳动力市场极化的影响，一方面可以验证极化理论是否适用于发展中国家劳动力市场，从而扩展该理论的应用范围；另一方面，有助于不同技能劳动力在不同规模城市劳动力市场间的合理配置，实现总量供求和结构匹配均衡，提高劳动力市场效率。回到农民工问题上，研究城市规模与职业结构和劳动力市场极化的关系，可以从职业需求角度为城市规模与农民工市民化之间的关系提供解释。如果农民工在务工城市所从事的职业正好是该城市劳动力市场中主要的职业，并且该职业在劳动力市场中的占比不断增加，那么农民工在城市稳定的就业和可观的收入有助于其市民化意愿和能力的提升。

　　基于以上逻辑，本书使用中国 1990—2015 年三次人口普查以及三次人口抽样调查①城市层面数据，研究城市规模对职业结构以及劳动力市场极化的影响。本书把商业服务人员归于非常规体力职业，生产操作人员归于常规性职业，专业技术人员和国家机关、党群组织、企业、事业单位负责人归于非常规认知性职业。本书实证结果表明，生产操作人员和商业服务人员都随着城市规模的扩大先增加后减少，这两大类职业正是进城务工人员主要从事的职业，解释了农民工市民化能力与城市规模之间的关系。另外，城市规模的扩张促进了大城市劳动力市场极化，中等技能职业占比下降，高技能和低技能职业占比上升。对于中小城市而言，尽管城市规模扩张带来了中等技能常规性职业占比的下降，以及低技能商业服务类职业占比的上升，但高技能职业占比并没有因此增加，显示出中小城市对高技能劳动力的吸引力不足。

　　图 6.1 为 1990—2015 年全国层面四个主要职业从业者占比的变化情况。样本期间，中等技能的生产操作人员和高技能的单位负责人占比下降，低

---

　　①　其间进行了第四次（1990 年）、第五次（2000 年）和第六次（2010 年）人口普查，以及 1995 年、2005 年和 2015 年三次 1% 人口抽样调查。

技能的商业服务人员和高技能的专业技术人员占比上升，表现出部分极化现象，但还需要从实证方面予以验证。

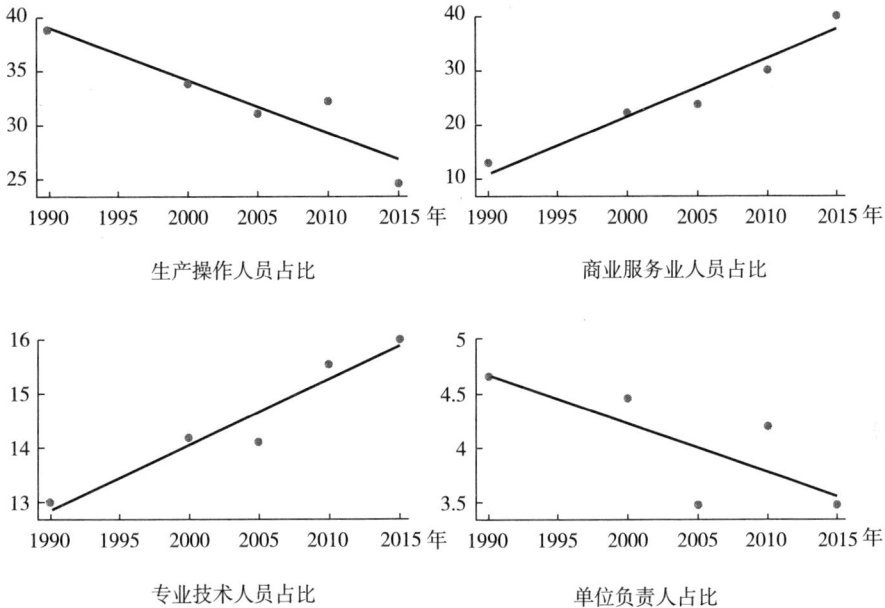

图6.1 1990—2015年全国城市劳动力市场职业结构变化

二、计量模型和相关数据说明

（一）计量模型设定

根据 RBTC 模型得出的推论，随着城市规模的增加，中等技能常规性职业占比减小，高技能非常规认知职业和低技能非常规体力职业占比上升。理论模型对现实解释力的强弱需要实证予以检验。本部分构建计量模型，在现有文献基础上考察城市规模对职业结构和劳动力市场极化的影响。职业结构分别用生产操作人员在全部劳动力中的占比 Psc_{ij} 和商业服务人员在全部劳动力中的占比 $Psyfw_{ij}$ 表示。这两类职业是农民工在城市主要从事的职业，考察城市规模与这两类职业结构的关系有助于从就业和收入两个方面解释农民工市民化意愿和能力的城市间差异。1990—2010年职业结构占比的变化反映不同职业相对需求的变化，以检验 RBTC 模型的有效性即城市规模是否促进了劳动力市场极化。职业分类使用了全国人口普查资料对职业的分类，本书参照 Autor 等（2003）、Autor 和 Dorn（2013）、Goos 等（2014）对不同职业按照常规属性的分类，把商业服务人员看作非常规体力职业，生产操作人员看作常规职业，国家机关、党群组织、企业、事业单位负责人和专业技术人员看作非常规认知性职业。城市规模由市辖区人口规模的对数值 $\ln Pop_i$ 反映。由于城市集聚既存在邻近市场、降低可贸易品价格等正效应，也存在拥挤效应等负效应，因此模型中考虑加入城市规模对数的平方项 $\ln Popsq_i$ 来测度城市规模对职业结构和劳动力市场极化的影响。职业结构的变化可能是由产业结构的调整引起的。为消除产业结构对职业结构的影响，本书在回归中用城市 i 第三产业产值与第二产业产值之比作为产业结构（Instructure）的指标加入回归方程。城市控制变量还包括城市 i 的消费率 $Retailg$（社会零售品销售总额占地区生产总值的比重）、固定资产投资率 $Capitalg$（固定资产投资占地区生产总值的比重）、财政支出与地区生产总值的比重 $Fiscalg$ 等。城市规模影响职业结构的计量模型如下：

$$Psc_{ij} = a_0 + a_1\ln Pop_{ij} + a_2\ln Popsq_{ij} + a_3 Instructure_{ij} + X'_{ij}\beta + e_{ij} \quad (6.6)$$

$$Psyfw_{ij} = a_0 + a_1\ln Pop_{ij} + a_2\ln Popsq_{ij} + a_3 Instructure_{ij} + X'_{ij}\beta + e_{ij} \quad (6.7)$$

其中，i 表示城市，j 表示年份，$X'_{ij}\beta$ 为一系列控制变量。反映城市规模对职业结构变化的计量模型如下：

$$\Delta Psc_i = a_0 + a_1\ln Pop_i + a_2\ln Popsq_i + a_3 Instructure_i + X'_i\beta + e_i \quad (6.8)$$

$$\Delta Psyfw_i = a_0 + a_1\ln Pop_i + a_2\ln Popsq_i + a_3 Instructure_i + X'_i\beta + e_i$$

$$(6.9)$$

$$\Delta Pfzr_i = a_0 + a_1\ln Pop_i + a_2\ln Popsq_i + a_3 Instructure_i + X'_i\beta + e_i \quad (6.10)$$

$$\Delta Pzj_i = a_0 + a_1\ln Pop_i + a_2\ln Popsq_i + a_3 Instructure_i + X'_i\beta + e_i \quad (6.11)$$

式（6.8）~式（6.11）中，ΔPsc_i、$\Delta Psyfw_i$、$\Delta Pfzr_i$ 和 ΔPzj_i 分别表示 1990—2010 年城市 i 生产操作人员在总劳动力中的占比、商业服务人员在总劳动力中的占比、单位负责人在总劳动力中的占比和专业技术人员在总劳动力中的占比的变化幅度。

（二）数据来源及描述统计

我国城市改革开始于 20 世纪 80 年代，沿海地区城市经济率先兴起，对劳动力有了大量需求，农村剩余劳动力开始向城市转移，形成农民工群体。本节旨在从就业结构和劳动力市场极化视角研究城市规模影响农民工市民化的机制，因此本节研究的时间起点为 1990 年。城市各类职业人口数据来自各省市 1990 年、2000 年和 2010 年三次人口普查，以及 1995 年、2005 年、2015 年三次 1% 人口抽样调查。受文献资料所限，1990 年第四次人口普查在全国范围内共搜集城市 142 个，2000 年第五次人口普查搜集城市 243 个，2010 年第六次人口普查搜集城市 278 个。三次人口抽样调查城市数较少，分别为 86 个、206 个及 83 个。城市规模以该市市辖区人口数的对数衡量，为缓解变量内生性导致的估计偏误，本书以 1964 年第二次人口普查各城市人口数作为各市 j 年城市规模的工具变量。工具变量需要满足外生性和相关性的要求，1964 年处于计划经济年代，人口的区域流动受到严格限制，当时城市人口数量主要取决于历史因素，与改革开放后城市各类职业占比无关。另外，一个城市的规模取决于历史上该城市的人口规模，因此 1964 年各城市人口数量满足外生性与相关性的要求，可作为城市 i 在 j 年城市规模的工具变量。我们没有选取 1953 年第一次人口普查各城市人口数作为工具变量，是因为 1953—1990 年地区行政调整过于频繁，城市合并、拆分导致各城市人口数与改革开放后的城市规模可能存在弱工具变量问题。样本城市基本涵盖了全国不同地区不同规模的各类城市。城市 i 在 j 年产业结构等相关数据来自历年《中国城市统计年鉴》，各主要变量描述性统计结果见表 6.15。

表 6.15　　　　　　　　主要变量含义及描述性统计结果

变量	变量具体含义	样本数	均值	标准差	最小值	最大值
Psc	生产操作人员在总劳动力中的占比	967	32.083	10.443	5.426	64.573
$Psyfw$	商业服务人员在总劳动力中的占比	967	25.842	9.258	3.405	65.775
$Pfzr$	单位负责人在总劳动力中的占比	967	4.007	1.917	0.192	13.815
Pzj	专业技术人员在总劳动力中的占比	967	14.539	4.266	3.060	46.900
$\ln Pop$	市辖区人口数量的对数值	1668	4.405	0.777	2.311	7.662
$Instructure$	第三产业生产总值与第二产业生产总值之比	1597	0.903	0.533	0.072	5.193

续表

变量	变量具体含义	样本数	均值	标准差	最小值	最大值
Retailg	社会零售品销售总额占地区生产总值比重	1602	47.431	25.983	0.010	469.171
Capitalg	固定资产投资总额占地区生产总值比重	1608	49.297	32.780	1.540	215.645
Fiscalg	财政支出占地区生产总值比重	1606	11.940	7.644	1.036	142.780

数据来源：各省份人口普查及人口抽样调查资料、历年《中国城市统计年鉴》。

样本中，生产操作人员占比超过 50% 的城市 1990 年有 22 个，2000 年有 7 个，2010 年减少至 3 个。从数据不难发现，生产操作人员占比逐年下降。另一方面，2010 年之前没有一个城市的商业服务人员占比超过 50%；2010 年，只有安徽省亳州市商业服务人员占比超过了 50%；到 2015 年，在全部 83 个样本城市中，有 13 个城市的商业服务人员占比超过了 50%。商业服务人员在整个劳动力中的占比逐年上升，而生产运输操作人员占比下降，前者属于非常规体力职业，后者为常规性职业。对变量的简单统计分析可以发现极化现象的趋势，但是极化现象到底归因于科技进步对常规性职业的替代，还是产业结构升级带来的职业结构变化，尚需要更加细致的计量分析。

三、城市规模与职业结构实证分析

本部分使用 1990 年、2000 年、2010 年三次人口普查以及 1995 年、2005 年、2015 年三次 1% 人口抽样调查的地级以上城市数据，研究城市规模与职业结构的关系。六年间，样本所包含城市范围调整较大，本节没有生成面板数据，而是使用混合 OLS 和 IV 估计①。表 6.16 是对计量模型（6.6）的估计结果。回归（1）～回归（3）为 OLS 估计结果，回归（4）～回归（6）为 IV 估计，使用 1964 年第二次人口普查的各城市人口数据作为当前城市规模的工具变量。工具变量不可识别检验 LM 统计量为 85.59，在 1% 的水

---

① 我们也尝试生成面板数据，由于各年份涵盖的城市差别较大，仅有 8 个城市在全部年份中都有取值，个体固定效应与混合估计 F 检验显示不存在明显的个体效应，应使用混合估计。

平上拒绝不可识别的原假设。弱工具变量检验的两个 F 统计量①分别为
156 和 79.18，强烈拒绝弱工具变量的原假设，表明工具变量满足相关性
要求。

表 6.16　　　　　　　　　城市规模与生产操作人员占比

变量	（1）	（2）	（3）	（4）	（5）	（6）
	OLS			IV		
	Psc	*Psc_m*	*Psc_f*	*Psc*	*Psc_m*	*Psc_f*
ln*Pop*	8.138***	7.551***	7.845**	15.589***	14.427**	15.829***
	(2.623)	(2.880)	(3.126)	(5.485)	(6.439)	(5.448)
ln*Popsq*	-0.776***	-0.744***	-0.707**	-1.453***	-1.316**	-1.519***
	(0.262)	(0.286)	(0.313)	(0.524)	(0.614)	(0.524)
Instructure	-3.599***	-3.879***	-2.829***	-3.435***	-3.834***	-2.480***
	(0.552)	(0.682)	(0.530)	(0.581)	(0.724)	(0.547)
Retailg	0.003	-0.004	0.012	0.005	-0.003	0.014
	(0.007)	(0.007)	(0.010)	(0.007)	(0.008)	(0.010)
Capitalg	-0.043***	-0.046***	-0.047***	-0.040***	-0.042***	-0.047***
	(0.012)	(0.013)	(0.013)	(0.012)	(0.013)	(0.013)
Fiscalg	0.123**	0.168***	0.062	0.151***	0.196***	0.088
	(0.054)	(0.063)	(0.056)	(0.057)	(0.067)	(0.057)
cons	8.247	11.565	6.221	-7.919	-2.097	-13.136
	(8.136)	(8.830)	(9.827)	(14.116)	(16.278)	(14.739)
N	870	870	870	870	870	870
adj. R²	0.434	0.315	0.469	0.427	0.304	0.465

注：括号内为稳健标准误，** 和 *** 分别表示在 5% 和 1% 的水平上通过显著性水平检验。

回归（1）的城市规模一次项为正，平方项为负，随着城市规模的增
大，生产操作人员占比先增大后减小，这符合我们的预期。改革开放后，
沿海地区大中城市吸引了大量海内外投资兴办企业，最初投资主要集中于
生产制造业，对生产、运输工人的需求较大。小城市基础设施投资不足，
人口规模小，很难吸引大量企业投资，反映在职业结构方面，生产操作人

――――――――
　　① 弱工具变量检验的两个 F 统计量分别为 Cragg-Donald Wald F 统计量和 Kleibergen-Paap rk
Wald F 统计量。

员占比较低。大城市土地成本、劳动力成本推高了企业用工成本，追求利润最大化的生产型企业在大城市并不具有明显的成本优势，因此大城市生产操作人员占比反而低于中等城市。回归（2）和回归（3）反映按照性别分组的男女劳动力中生产操作人员占比情况。按性别分组回归不改变模型的基本结论，随着城市规模的增加，生产操作人员占比先增加后减小。回归（4）~回归（6）使用工具变量法估计城市规模对职业结构的影响。无论是城市规模还是城市规模的平方项，IV 估计回归系数绝对值都比 OLS 估计要大，但 IV 估计反映的变量间关系与 OLS 估计是一致的。随着城市规模的增加，生产操作人员占比先增加后减小，呈倒"U"形。

从控制变量回归结果来看，产业结构指标与因变量负相关，产业结构指标使用第三产业增加值与第二产业增加值之比作为产业结构的代理变量，衡量城市间产业结构水平，产业结构前面的回归系数是负的，符合预期。社会零售品销售总额占地区生产总值的比重与生产操作人员占比不相关。固定资产投资比重越高的城市，常规性职业占比越低。大城市固定资产投资比重以及平均人力资本较高，而大城市常规性职业占比比中小城市更低，因此上述变量与常规性职业占比表现出负向特征。财政支出占地区生产总值的比例越高，常规性职业占比越高。

除生产操作人员外，农民工在城市从事的另一个主要职业是商业服务，即模型部分所提到的非常规体力职业。这些职业包括购销人员、餐饮服务人员、运输服务人员等，城市中这些职业大多由农民工从事。城市规模对商业服务人员在总劳动力中占比的估计结果见表 6.17。与表 6.16 一致，回归（1）~回归（3）为 OLS 估计结果，回归（4）~回归（6）为 IV 估计结果。回归（1）和回归（4）反映的是全体商业服务人员在总动力中的占比，回归（2）和回归（5）反映的是男性商业服务人员在全部男性劳动力中的占比，回归（3）和回归（6）反映的是女性商业服务人员在全部女性劳动力中的占比。

表 6.17　　　　　　　　　　　**城市规模与商业服务人员占比**

变量	(1)	(2)	(3)	(4)	(5)	(6)
	OLS			IV		
	Psyfw	*Psyfw_m*	*Psyfw_f*	*Psyfw*	*Psyfw_m*	*Psyfw_f*
ln*Pop*	5.227**	8.439***	7.476***	9.765***	8.768**	11.567***
	(2.025)	(2.238)	(2.409)	(3.292)	(3.430)	(3.741)
ln*Popsq*	−0.516**	−0.767***	−0.806***	−1.030***	−0.913***	−1.196***
	(0.209)	(0.231)	(0.249)	(0.321)	(0.333)	(0.366)
Instructure	3.194***	4.536***	3.312***	5.085***	4.843***	5.069***
	(0.461)	(0.518)	(0.587)	(0.522)	(0.546)	(0.599)
Retailg	0.015**	0.022***	0.009	0.016***	0.022***	0.011
	(0.006)	(0.006)	(0.007)	(0.006)	(0.006)	(0.007)
Capitalg	0.032***	0.071***	0.052***	0.077***	0.069***	0.101***
	(0.009)	(0.010)	(0.017)	(0.010)	(0.010)	(0.018)
Fiscalg	0.143***	0.242***	0.187***	0.295***	0.242***	0.346***
	(0.050)	(0.059)	(0.068)	(0.059)	(0.059)	(0.073)
cons	−47.876***	−45.762***	−52.828***	−50.750***	−49.083***	−52.476***
	(5.489)	(6.066)	(6.789)	(8.109)	(8.163)	(9.511)
N	870	870	870	870	870	870
adj. R^2	0.642	0.512	0.548	0.569	0.504	0.502

注：括号内为稳健标准误，** 和 *** 分别表示在 5% 和 1% 的水平上通过显著性水平检验。

从回归（1）～回归（3）的 OLS 估计结果来看，随着城市规模的增加，商业服务人员在总劳动力中的占比先增加后减小，呈倒"U"形。分性别来看，男性 ln*Pop* 前面的系数大于女性，男性 ln*Popsq* 前面系数的绝对值小于女性，表明男性商业服务人员占比取极值时的城市规模高于女性取极值时的城市规模①。回归（4）～回归（6）为 IV 估计结果，使用 1964 年第二次人口普查的各城市人口数据作为当前城市规模的工具变量，IV 估计结果与 OLS 估计结果一致。随着城市规模的增加，商业服务人员在总劳动力中的占比先增大后减小。分性别看，男、女商业服务人员在总劳动力中的占比取

---

① 男性商业服务人员在总劳动力中占比取极大值时的城市人口约为 245 万，女性在城市人口达到 103 万时商业服务人员在总劳动力占比达到极值。

极大值时的城市人口数量基本相同，分别为 123 万人和 126 万人。IV 估计结果缓解了遗漏变量以及互为因果引致的内生性，估计结果更为可信。男、女非常规体力职业占比取极值时的城市规模不像 OLS 估计差距那么大。

从控制变量估计结果看，产业结构比重越大，商业服务人员占比越高。社会零售品销售总额占地区生产总值的比重越大、固定资产投资占地区生产总值的比重越大以及财政支出占地区生产总值的比重越大，商业服务人员占比越高，这些都与预期相符。

根据表 6.16 和表 6.17 计量模型的估计系数，我们计算了生产操作人员在总劳动力中的占比和商业服务人员在总劳动力中的占比取极大值时的城市规模，生成表 6.18。常规性职业在总劳动力中的占比取极值时的城市市辖区人口规模为 160 万~260 万，非常规体力职业在总劳动力中的占比取极值时的城市市辖区人口规模为 100 万~250 万。相比普通最小二乘估计，工具变量估计极值取值区间更为集中，表明缓解解释变量内生性后，工具变量估计结果更为稳健。

表 6.18　常规性和非常规体力职业占比取极大值时的城市规模

变量	OLS			IV		
	Psc	*Psc_m*	*Psc_f*	*Psc*	*Psc_m*	*Psc_f*
极值时城市规模	189	160	257	214	240	183
变量	OLS			IV		
	Psyfw	*Psyfw_m*	*Psyfw_f*	*Psyfw*	*Psyfw_m*	*Psyfw_f*
极值时城市规模	158	245	103	114	123	126

四、城市规模与劳动力市场极化实证分析

前文考察了城市规模与职业结构间的关系，下文将考察城市规模与职业结构变化间的关系，以验证城市规模增加是否促进了劳动力市场极化。

表 6.19 列出了 1990—2010 年城市规模对生产操作人员在总劳动力中占比变化情况的影响[①]。回归（1）~回归（3）加入了城市规模的平方项，在

---

① 表 6.19 ~ 表 6.22 均为 OLS 估计结果，使用工具变量法估计与此类似，为节省篇幅，没有列出工具变量的估计结果，时间结束期没有定为 2015 年是因为 2015 年城市样本过少，并且与 1990 年的城市差别较大。

这三个回归中，城市规模的一次项和平方项回归系数均不显著。回归(4)～回归（6）只加入了城市规模的一次项，无论是全体劳动者还是分不同性别，生产操作人员占比的增量均随城市规模的增加单调递减。由于生产操作人员所属职业为常规性职业，表6.19表明常规性职业占比随城市规模的增加而递减，是否存在劳动力市场极化还需要研究城市规模对非常规性职业占比的影响。

表6.19 城市规模与劳动力市场极化：常规性职业占比的变化

变量	(1) ΔPsc	(2) ΔPsc_m	(3) ΔPsc_f	(4) ΔPsc	(5) ΔPsc_m	(6) ΔPsc_f
$\ln Pop$	2.622 (7.535)	6.134 (7.914)	-4.761 (9.045)	-2.628*** (0.915)	-2.341** (0.976)	-2.897*** (0.936)
$\ln Popsq$	-0.548 (0.755)	-0.885 (0.783)	0.195 (0.914)			
控制变量	Yes	Yes	Yes	Yes	Yes	Yes
N	116	116	116	116	116	116
$adj. R^2$	0.332	0.279	0.353	0.335	0.279	0.359

注：括号内为稳健标准误，** 和 *** 分别表示在5%和1%的水平上通过显著性水平检验。ΔPsc、ΔPsc_m 和 ΔPsc_f 分别表示1990—2010年全体劳动者、全体男性劳动者和全体女性劳动者中生产操作人员占比的变化情况。控制变量包括产业结构、全社会零售品销售总额占地区生产总值的比重、固定资产投资占地区生产总值的比重以及财政支出占地区生产总值的比重。

城市规模对非常规体力职业占比变化影响的估计结果见表6.20。与表6.19的估计结果类似，回归（1）～回归（3）加入了城市规模的平方项，一次项和平方项的估计结果都不显著。只考虑城市规模一次项的影响后，回归（4）～回归（6）的估计结果在5%的显著水平上取正值。可见，1990—2010年，城市规模越大，商业服务人员在劳动力中的占比增量越高。对比表6.19，大城市常规性职业占比减小，低技能的非常规体力职业占比不断增加，符合我们对城市规模影响劳动力市场极化的预期。

表 6.20　　　城市规模与劳动力市场极化：非常规体力职业占比的变化

变量	(1) $\Delta Psyfw$	(2) $\Delta Psyfw\_m$	(3) $\Delta Psyfw\_f$	(4) $\Delta Psyfw$	(5) $\Delta Psyfw\_m$	(6) $\Delta Psyfw\_f$
$\ln Pop$	0.180 (3.695)	−2.618 (3.376)	12.461 (11.242)	1.165** (0.539)	0.967** (0.460)	1.696** (0.850)
$\ln Popsq$	0.111 (0.412)	0.403 (0.374)	−1.210 (1.242)			
控制变量	Yes	Yes	Yes	Yes	Yes	Yes
N	116	116	116	116	116	116
adj. R^2	0.192	0.227	0.017	0.199	0.227	0.017

注：括号内为稳健标准误，** 表示在 5% 的显著性水平上通过显著性水平检验。$\Delta Psyfw$、$\Delta Psyfw\_m$ 和 $\Delta Psyfw\_f$ 分别表示 1990—2010 年全体劳动者、全体男性劳动者和全体女性劳动者中商业服务人员占比的变化情况。控制变量包括产业结构、全社会零售品销售总额占地区生产总值的比重、固定资产投资占地区生产总值的比重以及财政支出占地区生产总值的比重。

实证表明，随着城市规模的增加，常规性职业即生产操作人员占比单调递减，非常规体力职业即低技能的商业服务人员占比单调递增。高技能的非常规认知职业占比与城市规模到底是怎样一种关系？如果随着城市规模的扩大，高技能非常规认知职业占比增加，则表明城市规模的增加促进了劳动力市场极化；如果高技能职业占比减小，则说明城市规模的增加缓解了劳动力市场极化。当然，城市规模的改变也可能与劳动力市场极化无关，因此需要研究城市规模与高技能非常规认知职业占比变化之间的关系。本节把职业大类中的专业技术人员以及国家机关、党群组织、企业、事业单位负责人从事的职业看作高技能非常规认知职业。这两类职业对从业者自身的学历水平、工作经验以及技能水平的要求较高，工作性质和内容也较常规性工作复杂，故把这两类职业看作高技能。

表 6.21 反映了 1990—2010 年城市规模与专业技术人员职业占比的变化情况。从回归结果看，回归（1）～回归（6）的系数都通过了显著性水平检验。回归（4）～回归（6）只加入了城市规模的一次项，调整的可决系数低于相应的回归（1）～回归（3），故加入平方项的回归方程更精确。随着城市规模的不断扩大，高技能专业技术人员在总劳动力中占比的变化幅度先减小后增加，呈"U"形。另一类高技能的非常规认知职业是国家机关、党群组织、企业和事业单位负责人，其在 1990—2010 年的职业占比变化与城

市规模关系的回归结果见表6.22。只考虑城市规模一次项的回归方程，城市规模系数都不显著；加入城市规模的平方项后，城市规模的一次项和平方项都通过了显著性水平检验。可见，类似于专业技术人员，国家机关、党群组织、企业、事业单位负责人职业占比随着城市规模的扩张先减小后增加，呈"U"形。

表6.21　城市规模与劳动力市场极化：专业技术人员占比的变化

变量	(1) ΔPzj	(2) ΔPzj_m	(3) ΔPzj_f	(4) ΔPzj	(5) ΔPzj_m	(6) ΔPzj_f
lnPop	−7.912** (3.130)	−6.018** (2.675)	−11.424** (4.437)	−0.995** (0.410)	−0.578* (0.338)	−1.622*** (0.593)
lnPopsq	0.696** (0.314)	0.548** (0.269)	0.987** (0.447)			
控制变量	Yes	Yes	Yes	Yes	Yes	Yes
N	116	116	116	116	116	116
adj. R^2	0.158	0.123	0.205	0.129	0.095	0.176

注：括号内为稳健标准误，*、**和***分别表示在10%、5%和1%的水平上通过显著性水平检验。ΔPzj、ΔPzj_m和ΔPzj_f分别表示1990—2010年全体劳动者、全体男性劳动者和全体女性劳动者中专业技术人员占比的变化情况。控制变量包括产业结构、全社会零售品销售总额占地区生产总值的比重、固定资产投资占地区生产总值的比重以及财政支出占地区生产总值的比重。

表6.22　城市规模与劳动力市场极化：单位负责人占比的变化

变量	(1) ΔPfzr	(2) ΔPfzr_m	(3) ΔPfzr_f	(4) ΔPfzr	(5) ΔPfzr_m	(6) ΔPfzr_f
lnPop	−6.859*** (2.455)	−10.626*** (3.371)	−3.168** (1.395)	−0.145 (0.347)	−0.213 (0.487)	−0.053 (0.186)
lnPopsq	0.676*** (0.255)	1.048*** (0.347)	0.309** (0.142)			
控制变量	Yes	Yes	Yes	Yes	Yes	Yes
N	116	116	116	116	116	116
adj. R^2	0.203	0.228	0.128	0.152	0.162	0.093

注：括号内为稳健标准误，**和***分别表示在5%和1%的水平上通过显著性水平检验。ΔPfzr、ΔPfzr_m和ΔPfzr_f分别表示1990—2010年全体劳动者、全体男性劳动者和全体女性劳动者中国家机关、党群组织、企业、事业单位负责人占比的变化情况。控制变量包括产业结构、全社会零售品销售总额占地区生产总值的比重、固定资产投资占地区生产总值的比重以及财政支出占地区生产总值的比重。

以上实证结果表明，随着城市规模的不断扩大，常规性职业占比增长幅度单调递减，非常规体力职业占比增长幅度单调递增，非常规认知职业占比增长幅度先减小后增加，呈"U"形。上述实证结果表明，城市规模对劳动力市场极化的促进作用存在门槛效应。使用表6.21和表6.22所列估计结果可计算出城市规模促进高技能非常规认知职业占比增加的拐点值，同时考虑到常规性职业随着城市规模的扩大单调递减，非常规体力职业随着城市规模的扩大单调递增，这一拐点值也是城市规模促进劳动力市场极化的拐点值。表6.23列出了城市规模促进劳动力市场极化的拐点值。城市规模促进专业技术人员职业占比增长的拐点值为240万~330万人，城市规模促进国家机关、党群组织、企业、事业单位负责人职业占比增长的拐点值在160万人左右。在2010年第六次人口普查全部278个样本城市中，市辖区人口规模超过160万人的有60个，市辖区人口超过300万人的城市有30个。由此可知，在我国大城市已经出现了劳动力市场极化现象，高技能和低技能职业占比增加，中等技能职业占比减小。

表6.23　　　　　　　城市规模促进劳动力市场极化的拐点值

变量	Δpzj	Δpzj_m	Δpzj_f	$\Delta pfzr$	$\Delta pfzr\_m$	$\Delta pfzr\_f$
城市规模拐点值（万人）	294	242	326	160	159	168

以上对城市规模与职业结构以及劳动力市场极化的分析不难发现，大城市对低技能职业的需求越来越多，农民工进入大城市从事商业服务类职业具有良好的发展前景。从职业需求角度看，农民工在大城市具有生存发展的能力。

本章小结

本章从三个层面解释城市规模与农民工市民化意愿和能力的关系，即厚劳动力市场、人力资本外部性和劳动力市场极化。厚劳动力市场从工作搜寻匹配角度、人力资本外部性从技能外溢角度、劳动力市场极化从职业需求角度探讨城市规模影响农民工市民化意愿和能力的机制。

第一节使用RUMIC 2009数据研究城市规模与农民工就业匹配效率之间的关系。研究发现，在解决选择偏误后，厚劳动力市场理论得以证实，农民工在大城市就业匹配效率更高。农民工在大城市找工作花费的时间更少，厚劳动力市场求职者和工作岗位匹配效率更高，对广大进城农民工依然适用。为分析技能异质性，我们按技能进行了分样本回归。厚劳动力市场理论适用于技能两端的农民工，对中等技能农民工并不适用。初中及以下学历的低技能农民工在农民工群体中占多数，因此总体上看，农民工在规模大的城市就业匹配效率更高。农民工在大城市更容易找到工作，这是农民工在大城市市民化意愿较高的原因之一。

第二节从人力资本外部性层面解释城市规模与农民工市民化意愿和能力差异，使用国家卫生和计划生育委员会 2015 年流动人口动态监测调查数据，样本选取全国 20 个省（自治区、直辖市）159 个城市的农民工数据，以城市劳动力市场大专及以上学历所占份额作为城市人力资本变量，对农民工个体收入进行回归。研究的主要结论有：第一，进城农民工从城市人力资本外部性中获益。城市平均人力资本每增加 1%，农民工月收入提高 4.3% ~11.4%。农民工在与城市高技能劳动力的互动中获得收入的普遍提高，对农民工市民化意愿和能力的提升具有积极影响。第二，城市规模对人力资本外部性有正向影响。农民工进入人口 500 万以上的特大或超大城市而从人力资本外部性中获益的程度超过一般城市。人口低于 100 万的中小城市人力资本外部性不明显，农民工难以从与中小城市高技能劳动力的互动中获得收入的提高，并且农民工城市人力资本外部性存在技能、地区及职业差异。

第三节从职业结构以及职业结构变化是否引起劳动力市场极化的视角研究城市规模与农民工市民化意愿和能力间的关系，使用 1990—2015 年三次人口普查和三次 1% 人口抽样调查的城市层面数据，研究城市规模与职业结构以及职业结构变化的关系。实证结果表明，城市规模扩张时，常规性职业即生产操作人员占比先增加后减小，商业服务人员占比随城市规模的扩张呈倒 "U" 形。生产操作人员占比最高的城市规模为 160 万 ~260 万人，商业服务人员占比最高的城市规模为 100 万~250 万人。这两类职业是农民工在务工城市所从事的主要职业，如果这两类职业在总劳动力中占比较高，说明这些职业的从业者是所在城市就业的主力军，具有在所在城市生存发展的基本能力。

城市规模与职业结构的变化即城市规模扩张是否促进劳动力市场极化

是我们关心的另外一个问题。研究发现，随着城市规模的扩张，常规性职业占比增量逐渐减小，非常规体力职业占比增量逐渐增加，非常规认知职业占比增量存在门槛效应。当城市人口超过160万人时，国家机关、党群组织、企业、事业单位负责人占比增量逐渐增加；当城市人口超过300万人时，专业技术人员占比增量逐渐增加。本节研究表明，1990—2010年，中国大城市的城市扩张促进了劳动力市场极化。大城市更需要低技能劳动力，尤其是从事商业服务类职业的农民工。因此，从职业需求的角度看，大城市对低技能劳动力的排斥是不适宜的。

本章对城市规模影响农民工市民化意愿和能力的三个机制进行了检验，研究结果表明，尽管市民化能力较低，但农民工在大城市实现市民化有其合理性。无论从就业、收入还是职业需求的角度看，农民工在大城市都有生存发展的能力。

第七章 主要结论和政策启示

第一节 本书的主要结论

本书在对农村剩余劳动力转移、城市集聚以及劳动力市场极化进行理论回顾的基础上，结合对户籍制度和农民工市民化问题产生和发展历史背景的分析，实证研究了城市规模与农民工市民化意愿和能力的关系，并从三个层面解释了城市规模影响农民工市民化意愿和能力的机制。本书的主要结论包括：

第一，农民工大城市定居意愿和户籍迁移意愿都很高。本书从定居意愿和户籍迁移意愿两个角度衡量农民工市民化意愿。本书认为城市长期定居意愿是农民工市民化意愿的体现，只有愿意在流入地长期居住的农民工才有意愿在流入地实现市民化，因此定居意愿可作为市民化意愿的体现。城市规模与农民工定居意愿总体上呈"U"形，当城市人口规模超过150万人时，城市规模增加提高了农民工长期定居意愿。以户籍迁移意愿作为农民工市民化意愿的体现，也呈现出大城市户籍迁移意愿更高的现实。农民工更愿意把户籍迁入大城市，以获得教育、医疗等公共服务水平的提升。

第二，农民工的中等规模城市定居意愿和户籍迁移意愿都不高。本书研究表明，无论是定居意愿还是户籍迁移意愿，中等规模城市对农民工都没有太大吸引力。中等规模城市在就业、收入、公共服务水平方面没有大城市有吸引力，生活成本又比小城市高，因此市民化意愿低。

第三，农民工的小城市定居意愿高，户籍迁移意愿低。农民工在人口50万以下的小城市定居意愿高于中等城市，但户籍迁移意愿较低。小城市尤其是家乡小城市对农民工有一定吸引力，出于子女教育、父母赡养等考虑，农民工倾向于移居到家乡的小城市，但户籍迁移的意愿并不高。对农民工来说，把户籍从农村迁入小城市并没有太大的吸引力，这可能与农村户籍"含金量"上升以及小城市户籍附带的福利水平不高有关。

第四，城市规模越大，农民工市民化能力越低。本书使用农民工个人收入与城镇职工平均工资之比以及农民工在城市是否拥有自有产权住房两个指标衡量市民化能力。研究发现，城市规模越大，农民工市民化能力越低。农民工在小城市以相对收入和住房自有概率表示的市民化能力高于大城市，农民工在大城市市民化受市民化能力的制约。

第五，无论是城市规模对市民化意愿还是市民化能力的影响，都存在地区、城市群以及农民工技能的异质性。东部、中部、西部、东北部各地区之间，京津冀、长三角、珠三角各城市群之间，不同技能水平的农民工之间存在明显差异。例如，中等技能农民工在人口80万左右的城市具有最高的以相对收入表示的市民化能力，低技能和高技能农民工相对收入随城市规模的增加单调递减。

第六，农民工大城市市民化意愿和能力的不匹配不是"能力的必然"，与农民工在大城市受到不合理的排斥有关。厚劳动力市场理论证实了农民工，尤其是处于技能两端的农民工在大城市更容易找到工作。人力资本外部性理论证实了农民工在大城市从与高技能劳动力中的互动中获得收入水平的提升。劳动力市场极化理论支持农民工进入大城市，因为大城市对低技能商业服务类职业的需求逐年增加，这正是农民工从事的主要职业。三个理论都证实了农民工在大城市有生存发展的空间以及实现市民化的可能，与大城市较高的市民化意愿一致。

尽管大城市市民化能力低，但农民工在大城市有较高的市民化意愿。厚劳动力市场理论、人力资本外部性理论和劳动力市场极化理论都支持农民工在大城市有较强的就业能力和较好的收入水平，因此农民工在大城市实现市民化并不是痴人说梦。中小城市集聚能力弱，就算是有较高的市民化能力，没有就业和收入的支撑，在中小城市实现市民化也很难得到农民工的积极响应。

第二节　政策启示

根据研究结论，结合当前城镇化和市民化政策，本书提出如下政策启示：

第一，提高大城市城市管理水平，消除对农民工的制度性排斥。

城市管理者往往看到特大以及超大城市人口拥挤，土地等资源紧张，长期以来形成了限制特大以及超大城市人口增长的思维。尤其是对技能水平较低的农民工，存在制度性排斥。例如，当前一线城市落户条件向高学历、高技能人才倾斜，低学历、低技能的农民工很难获得这些城市的户籍，也就无法充分享受城市政府提供的各项公共服务。本书研究认为，农民工在大城市具有生存发展的能力。农民工在大城市从厚劳动力市场和人力资本外部性中受益，并且当前中国大城市出现了劳动力市场极化趋势。大城市对低技能商业服务类职业（如快递、外卖等）的需求逐年提高，这些正是农民工所从事的主要职业。城市管理者要做的不是如何驱赶"低端人口"，而是提高城市管理水平，实现人口、资源与城市的和谐发展，大城市对农民工的制度性排斥应该彻底消除。

第二，在中西部地区培育中心城市有利于农民工实现市民化意愿和能力的统一。

本书研究表明，农民工在中西部大城市具有较高的市民化意愿。城市规模影响市民化意愿和能力的三个机制表明城市规模越大，农民工就业匹配效率、从人力资本外部性中受益的程度越高，对技能水平较低的农民工需求越多。本书研究发现中西部地区城市规模增加后，农民工从人力资本外部性中受益的程度超过东部地区，由此可见，中西部地区扩大城市规模更能发挥集聚效应。国家相继提出把重庆、郑州、武汉、成都、西安建设成国家级中心城市，从市民化的角度看，在中西部地区培育中心城市有利于农民工市民化意愿和能力的统一。发挥中西部中心城市的集聚作用，一方面吸引高技能人才；另一方面，也应敞开大门欢迎农民工在城市生活、就业。劳动力市场极化理论已经证实，大城市离不开低技能从业者，对农民工进入中西部中心城市应给予更多政策扶持，帮助其稳步实现市民化。

第三，加强对农民工的教育提升和技能培训有利于实现市民化。

本书研究发现，高技能农民工城市适应性较强，从厚劳动力市场和人力资本外部性中获益较多。加强对农民工的教育提升和技能培训，可以提高农民工就业能力和收入水平，进一步提升其市民化能力，做到市民化意愿和能力的匹配。中等技能农民工更应接受技能培训以变成高技能农民工。劳动力市场极化理论证实中等技能劳动力需求占比随着城市规模的增加逐渐减少，而且中等技能农民工没有从厚劳动力市场和人力资本外部性中显著受益。如果中等技能农民工不接受教育提升和技能培训变成高技能农民工，就很难从城市集聚中提高收益，市民化能力将受到直接影响，降低其在大城市实现市民化的可能性，因此对农民工尤其是中等技能农民工进行教育提升和技能培训显得格外重要。

第四，对低技能农民工来说，市民化的"常住化"比"户籍化"更有意义。

对广大低技能农民工而言，大城市市民化意愿高，以相对收入和住房自有表示的市民化能力低，市民化意愿和能力差距大。我们认为，对低技能农民工而言，市民化的"常住化"比"户籍化"更有意义，更加切实可行。劳动力市场极化理论证实大城市对低技能农民工的需求逐渐增加，低技能农民工能够从厚劳动力市场中提高就业匹配的效率，可见低技能农民工具有在大城市生存发展的能力，大城市的建设也需要大量低技能农民工的参与。农民工在大城市具有长期居住的意愿，大城市政府应该提供相应服务，帮助低技能农民工在就业地"常住化"。大城市政府应进一步提高居住证"含金量"，保障实现"常住化"的农民工享受到尽可能多的公共服务，弱化户籍在就业、教育、医疗、养老等方面的作用，真正实现"常住"意义上的市民化。

附　录

附录 A　户口类别与社会保险缴费情况

附表 A1　2010 年北京市不同户口类别社会保险单位与个人缴费情况

单位：元

户口类别	单位缴费合计	个人缴费合计
本市城镇	605. 57	183. 87
本市农民工	381. 56	129. 2
外埠城镇	586. 2	183. 87
外埠农民工	362. 47	129. 2

数据来源：张平等. 中国新型城镇化道路与人的城镇化政策选择 ［M］. 广州：广东经济出版社，2015.

附录 B　中华人民共和国成立到改革开放前非农人口变化

附表 B1　中国非农人口　　　　单位：万人，%

年份 项目	总人口	非农人口	非农人口占比
1949	54167	9441	17. 4
1950	55196	9137	16. 6
1953	58796	8729	14. 8
1957	64653	10618	16. 4
1960	66207	13731	20. 7
1962	67295	11271	16. 7
1963	69172	11584	16. 7

续表

项目 年份	总人口	非农人口	非农人口占比
1964	70499	11677	16.6
1965	72538	12122	16.7
1966	74542	12340	16.6
1967	76368	12637	16.5
1968	78534	12554	16.0
1969	80671	12403	15.4
1970	82992	12660	15.3
1971	85229	13350	15.7
1972	87177	13632	15.6
1973	89211	13992	15.7
1974	90859	14079	15.5
1975	92420	14278	15.4
1976	93717	14517	15.5
1977	94974	14694	15.5
1978	96259	15230	15.8

数据来源:《中国人口统计年鉴（1991）》。

附录 C 2008—2010 年代表城市居住证改革措施

附表 C1 各地居住证改革时间

时间	城市	改革内容
2008—03	长春市	取消暂住证，改为居住证。居住证持有人的未成年子女可在长春市接受义务教育，持有人在长春市享受免费的计划生育服务等
2008—04	嘉兴市和慈溪市	符合条件的外地流动人口可申请居住证，居住证持有人的享受失业、养老、医疗、生育、工伤等保险；子女可就近入学，减免各项杂费
2008—08	深圳市	持有居住证居民享受子女在深就学政策，可接受义务教育；可申请基本公共医疗卫生服务和计划生育公共服务等
2009—08	太原市	任何外地人都可在公安机关申请办理居住证，居住证满5年可申请常住户口

续表

时间	城市	改革内容
2009—12	大连市	年满 16 周岁外地户籍居民只要原有暂住证到期就可申请居住证。居住证持有人的子女在义务教育阶段享受与本地户籍居民同等待遇,持证人按照规定可参加各项社会保险
2010—01	广州市、佛山市、珠海市和东莞市	持有暂住证外地户籍居民可申请更换为居住证,居住证满 7 年、依法纳税并无违法记录者可获得常住户口

资料来源:笔者整理。

附录 D　城市规模与落户条件

附表 D1　不同规模城市的落户条件

城市	城区人口(万人)	城市类型	落户条件
上海	2115	超大城市	居住证转户:持有上海市居住证满 7 年,缴纳社保满 84 个月;中级以上技能职称;无违规记录
武汉	675	特大城市	购房落户:中心城区购买住房面积在 100 平方米以上、总价超过 50 万元可申请武汉市非农业户口。 积分落户:在本市拥有合法稳定住所(含合法租赁住房)、参加本市社会保险、持有本市居住证、不超过法定退休年龄可申请积分落户。积分落户人数实行总量控制,根据积分高低确定落户对象
西安	423.86	Ⅰ型大城市	买房入户:城区购买建筑面积 90 平方米以上商品房和二手住房,取得房屋所有权证书并缴纳 1 年以上城镇职工养老保险可办理户籍登记。 长期就业有房人员落户:35 周岁以下,与本市市区用人单位签订劳动合同,参加本市职工养老保险满 3 年,在本市有合法固定住所可申请落户
呼和浩特	188	Ⅱ型大城市	稳定住所稳定职业落户:稳定住所包括购买的商品房、二手房、房改房、自建房、经济适用房、租赁房等;稳定职业指依法签订劳动合同、收入稳定、依法纳税或缴纳社保满 2 年

　　注:根据农民工总体低学历、低技能的实际情况,表 D1 所列城市落户条件是农民工最可能达到的条件。这些城市均有针对引进人才、高校应届毕业生等的落户政策,因农民工不符合要求,故没有在表中一一列出。

附录 E　城市规模与定居意愿

附表 E1　只加入城市规模一次项的 Probit 估计边际效应值

变量	（1）	（2）	（3）	（4）	（5）
lnpopc	0.00510 ***	0.00455 ***	0.0120 ***	0.0181 ***	0.0156 ***
	（0.00117）	（0.00115）	（0.00113）	（0.00116）	（0.00117）
male		− 0.00572 **	− 0.000700	− 0.00272	− 0.00279
		（0.00282）	（0.00277）	（0.00283）	（0.00283）
age		0.0161 ***	0.0184 ***	0.0105 ***	0.0100 ***
		（0.000956）	（0.00100）	（0.00101）	（0.00101）
agesq		− 0.000169 ***	− 0.000183 ***	− 0.000122 ***	− 0.000117 ***
		（1.17e − 05）	（1.22e − 05）	（1.22e − 05）	（1.22e − 05）
senior		0.0492 ***	0.0538 ***	0.0464 ***	0.0459 ***
		（0.00345）	（0.00336）	（0.00331）	（0.00332）
college		0.157 ***	0.165 ***	0.153 ***	0.151 ***
		（0.00468）	（0.00455）	（0.00456）	（0.00457）
marriage		0.188 ***	0.0676 ***	0.0920 ***	0.0912 ***
		（0.00457）	（0.00487）	（0.00478）	（0.00478）
liv			0.0915 ***	0.0747 ***	0.0758 ***
			（0.00128）	（0.00134）	（0.00133）
oldman			− 0.00954 ***	− 0.00736 **	− 0.00427
			（0.00308）	（0.00302）	（0.00303）
florage				− 0.0893 ***	− 0.0863 ***
				（0.00277）	（0.00280）
flolong				0.0199 ***	0.0197 ***
				（0.000345）	（0.000345）
midland					− 0.0137 ***
					（0.00350）
west					− 0.0305 ***
					（0.00362）
northeast					0.0755 ***
					（0.00578）
N	121020	121020	121020	121020	121020
PseudoR^2	0.0001	0.0318	0.0627	0.0919	0.094

注：表中为 Probit 估计的边际效应值，括号中为稳健标准误，** 和 *** 分别表示在 5% 和 1% 的显著性水平上显著。受教育程度以初中及以下为参照，流出地所属区域以东部地区为参照。

附录 F　城市规模与农民工住房自有

附表 F1　包含城市规模平方项的 Probit 估计边际效应值

变量	（1）	（2）	（3）	（4）	（5）
lnpopc2012	− 0.00164 （0.00582）	0.00682 （0.00583）	0.00754 （0.00585）	0.0155 *** （0.00573）	0.00432 （0.00563）
lnpopcsq2012	− 0.00164 *** （0.000524）	− 0.00244 *** （0.000523）	− 0.00226 *** （0.000535）	− 0.00313 *** （0.000524）	− 0.00209 *** （0.000516）
male		0.000683 （0.00209）	0.00313 （0.00204）	0.000992 （0.00204）	0.000293 （0.00202）
age		0.00669 *** （0.00104）	0.00321 *** （0.00103）	0.00298 *** （0.00103）	0.00273 *** （0.00102）
agesq		− 6.23e − 05 *** （1.38e − 05）	− 3.53e − 05 ** （1.37e − 05）	− 3.04e − 05 ** （1.37e − 05）	− 2.85e − 05 ** （1.35e − 05）
senior		0.0442 *** （0.00294）	0.0411 *** （0.00284）	0.0357 *** （0.00276）	0.0372 *** （0.00274）
college		0.143 *** （0.00726）	0.137 *** （0.00702）	0.103 *** （0.00663）	0.102 *** （0.00653）
marriage		0.0880 *** （0.00408）	0.0899 *** （0.00409）	0.0620 *** （0.00414）	0.0662 *** （0.00408）
florage			− 0.0511 *** （0.00222）	− 0.0577 *** （0.00222）	− 0.0521 *** （0.00222）
flolong			0.00782 *** （0.000207）	0.00715 *** （0.000203）	0.00680 *** （0.000200）
sccz				− 0.0698 *** （0.0237）	− 0.0704 *** （0.0234）
qt				− 0.0633 *** （0.0243）	− 0.0684 *** （0.0239）
employer				0.0192 *** （0.00370）	0.0218 *** （0.00367）
selfemployed				− 0.00212 （0.00248）	0.00158 （0.00246）

变量	(1)	(2)	(3)	(4)	(5)
ln*famincom_m*				0.0487 ***	0.0475 ***
				(0.00183)	(0.00182)
midland					−0.0194 ***
					(0.00248)
west					−0.00814 ***
					(0.00268)
northeast					0.122 ***
					(0.00586)
N	76804	76804	76804	76804	76804
Pseudo R^2	0.0133	0.0582	0.1002	0.1303	0.1497

注：表中为 Probit 估计的边际效应值，括号中为稳健标准误，** 和 *** 分别表示在 5% 和 1% 的显著性水平下显著。城市规模以城市市辖区常住人口数的对数值表示，受教育程度以初中及以下为参照，职业类型以商业服务人员为参照，流出地区域以东部地区为参照。

附表 **F2** 包含城市规模平方项的 **Ivprobit** 估计边际效应值

变量	(1)	(2)	(3)	(4)	(5)
ln*popc*2012	−0.146 **	−0.0527	−0.131 **	−0.0542	−0.197 ***
	(0.0578)	(0.0595)	(0.0628)	(0.0640)	(0.0652)
ln*popcsq*2012	0.00154	−0.00717	0.000966	−0.00672	0.00304
	(0.00503)	(0.00518)	(0.00555)	(0.00566)	(0.00577)
male		0.00438	0.0214	0.00796	−0.000141
		(0.0135)	(0.0139)	(0.0144)	(0.0146)
age		0.0434 ***	0.0222 ***	0.0215 ***	0.0192 ***
		(0.00661)	(0.00687)	(0.00705)	(0.00712)
agesq		−0.000405 ***	−0.000245 ***	−0.000222 **	−0.000200 **
		(8.74*e*−05)	(9.08*e*−05)	(9.32*e*−05)	(9.41*e*−05)
senior		0.271 ***	0.265 ***	0.239 ***	0.256 ***
		(0.0163)	(0.0167)	(0.0172)	(0.0174)
college		0.688 ***	0.695 ***	0.573 ***	0.587 ***
		(0.0274)	(0.0279)	(0.0297)	(0.0300)
marriage		0.567 ***	0.606 ***	0.434 ***	0.468 ***
		(0.0270)	(0.0281)	(0.0294)	(0.0298)

续表

变量	（1）	（2）	（3）	（4）	（5）
florage			−0.360 ***	−0.423 ***	−0.367 ***
			(0.0155)	(0.0159)	(0.0160)
flolong			0.0520 ***	0.0490 ***	0.0485 ***
			(0.00139)	(0.00142)	(0.00144)
sccz				−0.379 ***	−0.388 ***
				(0.112)	(0.112)
qt				−0.336 ***	−0.382 ***
				(0.116)	(0.117)
employer				0.132 ***	0.142 ***
				(0.0228)	(0.0230)
selfemployed				−0.0105	0.00411
				(0.0174)	(0.0176)
lnfamincom_m				0.336 ***	0.345 ***
				(0.0126)	(0.0129)
midland					−0.147 ***
					(0.0182)
west					−0.0654 ***
					(0.0192)
eastnorth					0.616 ***
					(0.0260)
Wald 检验（卡方值）	9.87	6.43	17.41	24.13	44.68
N	76804	76804	76804	76804	76804

注：表中为 Ivprobit 估计边际效应值，括号中为稳健标准误，** 和 *** 分别表示在5%和1%的显著性水平下显著。城市规模以城市市辖区常住人口数的对数值表示，受教育程度以初中及以下为参照，职业类型以商业服务人员为参照，流出地区域以东部地区为参照。

附表 F3　以 1990 年城市人口数为工具变量包含城市规模平方项的估计结果

变量	（1）全部样本	（2）低技能	（3）中等技能	（4）高技能
lnpopc2012	−0.113 **	−0.160 **	0.160	0.0563
	(0.0578)	(0.0672)	(0.136)	(0.258)

续表

变量	（1） 全部样本	（2） 低技能	（3） 中等技能	（4） 高技能
lnpopcsq2012	−0.00183 （0.00508）	0.000921 （0.00598）	−0.0247** （0.0117）	−0.0150 （0.0218）
控制变量	Yes	Yes	Yes	Yes
Wald 检验（卡方值）	14.79	20.32	2.69	1.01
N	76804	55778	16951	4075

注：表中为 Ivprobit 估计边际效应值，括号中为稳健标准误，** 表示在 5% 的显著性水平上显著。城市规模以城市市辖区常住人口数的对数值表示，控制变量包括个体特征、流动特征、就业和收入特征以及流出地区域虚拟变量。

附录 G　城市规模与就业匹配效率

附表 G1　使用市辖区常住人口数表示城市规模 OLS 估计结果

变量	（1）	（2）	（3）	（4）	（5）
lnpopc2008	1.341*** （0.372）	1.239*** （0.366）	1.276*** （0.407）	1.271*** （0.416）	1.282*** （0.419）
male		1.421*** （0.520）	1.467*** （0.544）	1.460*** （0.540）	1.430*** （0.538）
age		0.837*** （0.144）	0.602*** （0.159）	0.593*** （0.157）	0.598*** （0.156）
agesq		−0.010*** （0.002）	−0.007*** （0.002）	−0.007*** （0.002）	−0.007*** （0.002）
marriage		−1.331** （0.677）	−1.399* （0.767）	−1.343* （0.753）	−1.349* （0.753）
health			−1.509 （1.040）	−1.466 （1.040）	−1.454 （1.036）
education			0.323*** （0.124）	0.317** （0.125）	0.319** （0.126）
train			0.076 （0.618）	0.114 （0.609）	0.146 （0.614）
makedecision			−3.251** （1.616）	−3.172** （1.615）	−3.170** （1.615）

续表

变量	（1）	（2）	（3）	（4）	（5）
confidence			− 1. 617 ***	− 1. 606 ***	− 1. 606 ***
			（0. 600）	（0. 603）	（0. 603）
acquaintance				− 0. 791	− 0. 756
				（0. 645）	（0. 650）
fellow				− 0. 606	− 0. 652
				（0. 549）	（0. 546）
estructure					1. 083
					（0. 943）
cons	0. 401	− 13. 875 ***	− 9. 487 ***	− 8. 572 ***	− 9. 979 ***
	（2. 185）	（3. 374）	（3. 233）	（3. 193）	（3. 745）
N	7043	7032	4650	4635	4635
adj. R²	0. 002	0. 006	0. 009	0. 009	0. 009

注：括号内为稳健标准误，*、** 和 *** 分别表示在10%、5%和1%的水平上通过显著性水平检验。

参考文献

［1］蔡昉，都阳．迁移的双重动因及其政策含义——检验相对贫困假说［J］．中国人口科学，2002（4）：3-9.

［2］蔡禾，王进．"农民工"永久迁移意愿研究［J］．社会学研究，2007（6）：86-113.

［3］樊佩佩．从群体性制度排斥到个体性市场排斥：农业转移人口城市定居意愿的影响因素研究［J］．山东社会科学，2016（4）：59-64.

［4］高虹．城市人口规模与劳动力收入［J］．世界经济，2014（10）：145-164.

［5］郭菲，张展新．农民工新政下的流动人口社会保险：来自中国四大城市的证据［J］．人口研究，2013，37（3）：29-42.

［6］胡陈冲，朱宇，林李月，等．流动人口的户籍迁移意愿及其影响因素分析——基于一项在福建省的问卷调查［J］．人口与发展，2011（3）：2-10.

［7］江永红，张彬，郝楠．产业结构升级是否引致劳动力"极化"现象［J］．经济学家，2016（3）：24-31.

［8］李宏兵，郭界秀，翟瑞瑞．中国企业对外直接投资影响了劳动力市场的就业极化吗？［J］．财经研究，2017（6）：28-39.

［9］李练军．新生代农民工融入中小城镇的市民化能力研究——基于人力资本、社会资本与制度因素的考察［J］．农业经济问题，2015（9）：46-53.

［10］厉以宁，艾丰，石军．中国新型城镇化概论［M］．北京：中国工人出版社，2014.

［11］梁文泉，陆铭．后工业化时代的城市：城市规模影响服务业人力资本外部性的微观证据［J］．经济研究，2016（12）：90-103.

［12］林李月，朱宇．中国城市流动人口户籍迁移意愿的空间格局及影响因素——基于2012年全国流动人口动态监测调查数据［J］．地理学报，

2016, 71（10）：1696 – 1709.

[13] 鲁强, 徐翔. 我国农民工市民化进程测度——基于 TT&DTHM 模型的分析 [J]. 江西社会科学, 2016（2）：200 – 207.

[14] 陆铭, 高虹, 佐藤宏. 城市规模与包容性就业 [J]. 中国社会科学, 2012（10）：47 – 66.

[15] 陆益龙. 户籍制度：控制与社会差别 [M]. 北京：商务印书馆, 2003.

[16] 罗小锋, 段成荣. 新生代农民工愿意留在打工城市吗——家庭、户籍与人力资本的作用 [J]. 农业经济问题, 2013（9）：65 – 71.

[17] 吕世斌, 张世伟. 中国劳动力"极化"现象及原因的经验研究 [J]. 经济学（季刊）, 2015（2）：757 – 778.

[18] 宁光杰. 中国大城市的工资高吗？——来自农村外出劳动力的收入证据 [J]. 经济学（季刊）, 2014（3）：1021 – 1046.

[19] 宁光杰, 李瑞. 城乡一体化进程中农民工流动范围与市民化差异 [J]. 中国人口科学, 2016（4）：37 – 47.

[20] 戚迪明, 张广胜. 农民工流动与城市定居意愿分析——基于沈阳市农民工的调查 [J]. 农业技术经济, 2012（4）：44 – 51.

[21] 钱龙, 钱文荣. "城镇亲近度"、留城定居意愿与新生代农民工城市融入 [J]. 财贸研究, 2015（6）：13 – 21.

[22] 沈坤荣, 唐文健. 大规模劳动力转移条件下的经济收敛性分析 [J]. 中国社会科学, 2006（5）：46 – 57.

[23] 孙三百. 城市移民收入增长的源泉：基于人力资本外部性的新解释 [J]. 世界经济, 2016（4）170 – 192.

[24] 孙三百, 黄薇, 洪俊杰, 等. 城市规模、幸福感与移民空间优化 [J]. 经济研究, 2014, 49（1）：97 – 111.

[25] 孙中伟. 农民工大城市定居偏好与新型城镇化的推进路径研究 [J]. 人口研究, 2015（5）：72 – 86.

[26] 汪润泉. 子女教育期望与农民工城市定居意愿——基于全国 7 个城市调查数据 [J]. 农业技术经济, 2016（3）：75 – 84.

[27] 王建国, 李实. 大城市的农民工工资水平高吗？ [J]. 管理世界, 2015（1）：51 – 62.

[28] 王静. 融入意愿、融入能力与市民化——基于代际差异的视角 [J]. 区域经济评论, 2017 (1)：128 - 137.

[29] 王伟, 陈杰, 艾玮依. 新生代农民工在三四线城市定居意愿及其影响机制研究——基于 2014 年长三角地区流动人口动态监测数据的考察 [J]. 华东师范大学学报 (哲学社会科学版), 2016 (4)：30 - 37.

[30] 王文录. 人口城镇化背景下的户籍制度变迁——石家庄市户籍制度改革案例分析 [J]. 人口研究, 2003, 27 (6)：8 - 13.

[31] 王小鲁. 中国城市化路径与城市规模的经济学分析 [J]. 经济研究, 2010, (10)：20 - 32.

[32] 王小鲁, 夏小林. 优化城市规模, 推动经济增长 [J]. 经济研究, 1999, (9)：22 - 29.

[33] 王有正, 张京祥, 杜若菲, 等. 半城镇化人群落户中小城镇的意愿及影响机制分析——以成都市近郊为实证 [J]. 干旱区地理, 2016 (4)：918 - 924.

[34] 王玉君. 农民工城市定居意愿研究——基于十二个城市问卷调查的实证分析 [J]. 人口研究, 2013, 37 (4)：19 - 32.

[35] 蔚志新. 分地区流动人口居留意愿影响因素比较研究——基于全国 5 城市流动人口动态监测调查数据 [J]. 人口与经济, 2013 (4)：12 - 20.

[36] 温铁军. 中国的城镇化道路与相关制度问题 [J]. 开放导报, 2000 (5)：21 - 23.

[37] 续田曾. 农民工定居性迁移的意愿分析——基于北京地区的实证研究 [J]. 经济科学, 2010 (3)：120 - 128.

[38] 杨菊华. 浅议《居住证暂行条例》与户籍制度改革——兼论居住证与新型城镇化 [J]. 东岳论丛, 2017 (3)：58 - 66.

[39] 俞德鹏. 城乡社会：从隔离走向开放——中国户籍制度与户籍法研究 [M]. 济南：山东人民出版社, 2002.

[40] 张斐. 新生代农民工市民化现状及影响因素分析 [J]. 人口研究, 2011 (6)：100 - 109.

[41] 张鹏, 郝宇彪, 陈卫民. 幸福感、社会融合对户籍迁入城市意愿的影响——基于 2011 年四省市外来人口微观调查数据的经验分析 [J]. 经济评论, 2014 (1)：58 - 69.

［42］张平等．中国新型城镇化道路与人的城镇化政策选择［M］．广州：广东经济出版社，2015.

［43］张文武，张为付．城市规模影响个人发展吗——基于能力差异和户籍分割视角的研究［J］．世界经济文汇，2016（5）：41－59.

［44］张翼．农民工"进城落户"意愿与中国近期城镇化道路的选择［J］．中国人口科学，2011（2）：14－26.

［45］朱明宝，杨云彦．城市规模与农民工的城市融入——基于全国248个地级及以上城市的经验研究［J］．经济学动态，2016（4）：48－58.

［46］踪家峰，周亮．大城市支付了更高的工资吗？［J］．经济学（季刊），2015，14（4）：1467－1496.

［47］ACEMOGLU D. Training and innovation in an imperfect labour market ［J］. The review of economic studies, 1997, 64（3）：445－464.

［48］ACEMOGLU D, AUTOR D. Skills, tasks and technologies: implications for employment and earnings ［M］. Handbook of labor economics, Elsevier, 2011, 4：1043－1171.

［49］AKGÜÇ M, LIU X, TANI M. Expropriation with hukou change: evidence from a quasi-natural experiment ［R］. IZA discussing paper, 2014.

［50］ALONSO W. Location and land use ［M］. Cambridge：Harvard University Press, 1964.

［51］ANDRÉS RODRÍGUEZPOSE, VASSILIS TSELIOS. Individual earnings and educational externalities in the European union ［J］. Regional studies, 2012, 46（1）：39－57.

［52］APPLETON S, KNIGHT J, SONG L, et al. Contrasting paradigms: segmentation and competitiveness in the formation of the Chinese labour market ［J］. Journal of Chinese economic and business studies, 2004, 2（3）：185－205.

［53］AU C C, HENDERSON J V. Are Chinese cities too small? ［J］. The Review of Economic Studies, 2006, 73（3）：549－576.

［54］AUTOR D H, DORN D. The growth of low－skill service jobs and the polarization of the US labor market ［J］. The American economic review, 2013, 103（5）：1553－1597.

［55］AUTOR D H, KATZ L F, KEARNEY M S. The polarization of the U. S.

labor market [J]. American Economic Review, 2006, 96 (2): 189 –194.

[56] AUTOR D H, KATZ L F, KEARNEY M S. Trends in US wage inequality: revising the revisionists [J]. The Review of Economics and Statistics, 2008, 90 (2): 300 –323.

[57] AUTOR D H, LEVY F, MURNANE R J. The skill content of recent technological change: an empirical exploration [J]. The Quarterly Journal of Economics, 2003, 118 (4): 1279 –1333.

[58] BRUECKNER J K. Analyzing third world urbanization: A model with empirical evidence [J]. Economic Development and Cultural Change, 1990, 38 (3): 587 –610.

[59] BRUECKNER J K, KIM H A. Land markets in the Harris-Todaro model: a new factor equilibrating rural-urban migration [J]. Journal of Regional Science, 2001, 41 (3): 507 –520.

[60] BRUECKNER J K, LALL S V. Cities in developing countries: fueled by rural-urban migration, lacking in tenure security, and short of affordable housing [M]. Handbook of Regional and Urban Economics. Elsevier, 2015, 5: 1399 –1455.

[61] BRUECKNER J K, ZENOU Y. Harris – Todaro models with a land market [J]. Regional Science and Urban Economics, 1999, 29 (3): 317 –339.

[62] CHAN K W. Recent migration in China: patterns, trends, and policies [J]. Asian Perspective, 2001, 25 (4): 127 –155.

[63] CHAN K W. Migration and development in China: trends, geography and current issues [J]. Migration and Development, 2012, 1 (2): 187 –205.

[64] CHAN K W. China's hukou system at 60: continuity and reform [M]. Handbook on urban development in China. Edward Elgar Publishing, 2019: 59 –80.

[65] CHAN K W, BUCKINGHAM W. Is China abolishing the hukou system? [J]. The China Quarterly, 2008, 195: 582 –606.

[66] CHAN K W, ZHANG L. The hukou system and rural-urban migration in China: processes and changes [J]. The China Quarterly, 1999, 160: 818 –855.

［67］ CHEN C, FAN C C. China's hukou puzzle: why don't rural migrants want urban hukou? ［J］. China Review, 2016, 16 (3): 9 – 39.

［68］ CICCONE A, PERI G. Identifying human-capital externalities: theory with applications ［J］. The Review of Economic Studies, 2006, 73 (2): 381 – 412.

［69］ COMBES P P, DURANTON G, GOBILLON L. Spatial wage disparities: sorting matters! ［J］. Journal of Urban Economics, 2008, 63 (2): 723 – 742.

［70］ CORTES G M. Where have the middle-wage workers gone? A study of polarization using panel data ［J］. Journal of Labor Economics, 2016, 34 (1): 63 – 105.

［71］ CUI C, HOOIMEIJER P, GEERTMAN S, et al. Residential distribution of the emergent class of skilled migrants in Nanjing ［J］. Housing Studies, 2015, 30 (8): 1235 – 1256.

［72］ DÉMURGER S, GURGAND M, LI S, et al. Migrants as second-class workers in urban China? A decomposition analysis ［J］. Journal of Comparative Economics, 2009, 37 (4): 610 – 628.

［73］ DENG Q, GUSTAFSSON B. China's lesser known migrants ［R］. IZA discussion paper, 2006.

［74］ DIAMOND P A. Aggregate demand management in search equilibrium ［J］. Journal of Political Economy, 1982, 90 (5): 881 – 894.

［75］ DU H, LI S. Is it really just a rational choice? the contribution of emotional attachment to temporary migrants' intention to stay in the host city in Guangzhou ［J］. China Review, 2012: 73 – 93.

［76］ DURANTON G, PUGA D. Micro-foundations of urban agglomeration economies ［J］. Handbook of Regional & Urban economics, Elsevier, 2004, 4 (4): 2063 – 2117.

［77］ DUSTMANN C, LUDSTECK J, SCHÖNBERG U. Revisiting the German wage structure ［J］. The Quarterly Journal of Economics, 2009, 124 (2): 843 – 881.

［78］ FAN C C. The elite, the natives, and the outsiders: migration and labor market segmentation in Urban China ［J］. Annals of the association of

American geographers, 2002, 92 (1): 103 – 124.

[79] FAN C C. China on the move: migration, the state, and the household [M]. London: Routledge, 2007.

[80] FAN C C. Settlement intention and split households: findings from a survey of migrants in Beijing's Urban Villages [J]. China Review, 2011: 11 –41.

[81] FANG Y, ZHANG Z. Migrant household homeownership outcomes in large Chinese cities-the sustained impact of hukou [J]. Eurasian Geography and Economics, 2016, 57 (2): 203 –227.

[82] FU S. Smart café cities: testing human capital externalities in the Boston metropolitan area [J]. Journal of Urban Economics, 2007, 61 (1): 86 –111.

[83] GANDELMAN N. Female headed households and homeownership in Latin America [J]. Housing Studies, 2009, 24 (4): 525 –549.

[84] GIULIETTI C, NING G, ZIMMERMANN K F. Self-employment of rural-to-urban migrants in China [J]. International Journal of Manpower, 2012, 33 (1): 96 –117.

[85] GLAESER E L. Learning in cities [J]. Journal of Urban Economics, 1999, 46 (2): 254 –277.

[86] GLAESER E L, MARE D C. Cities and skills [J]. Journal of Labor Economics, 2001, 19 (2): 316 –342.

[87] GOLDSTEIN S, GOLDSTEIN A. Permanent and temporary migration differentials in China. [J]. Contemporary sociology, 1992, 21 (1): 69.

[88] GOOS M, MANNING A. Lousy and lovely jobs: The rising polarization of work in Britain [J]. The review of economics and statistics, 2007, 89 (1): 118 –133.

[89] GOOS M, MANNING A, Salomons A. Explaining job polarization: routine-biased technological change and offshoring [J]. The American Economic Review, 2014, 104 (8): 2509 –2526.

[90] GU P, MA X. Investigation and analysis of a floating population's settlement intention and environmental concerns: a case study in the Shawan River Basin in Shenzhen, China [J]. Habitat International, 2013, 39: 170 –178.

[91] HAO P, TANG S. Floating or settling down: the effect of rural

landholdings on the settlement intention of rural migrants in urban China [J]. Environment and Planning A, 2015, 47 (9): 1979 – 1999.

[92] HARRIS J R, TODARO M P. Migration, unemployment and development: a two-sector analysis [J]. The American Economic Review, 1970, 60 (1): 126 – 142.

[93] HELSLEY R W, STRANGE W C. Matching and agglomeration economies in a system of cities [J]. Regional Science and Urban Economics, 1990, 20 (2): 189 – 212.

[94] HU F, XU Z, CHEN Y. Circular migration, or permanent stay? Evidence from China's rural-urban migration [J]. China Economic Review, 2011, 22 (1): 64 – 74.

[95] HUANG X, DIJST M, VAN WEESEP J, et al. Residential mobility in China: home ownership among rural-urban migrants after reform of the hukou registration system [J]. Journal of Housing and the Built Environment, 2014, 29 (4): 615 – 636.

[96] HUANG Y. Gender, hukou, and the occupational attainment of female migrants in China (1985 – 1990) [J]. Environment and Planning A, 2001, 33 (2): 257 – 279.

[97] HUANG Y, CLARK W A V. Housing tenure choice in transitional urban China: a multilevel analysis [J]. Urban Studies, 2002, 39 (1): 7 – 32.

[98] HUNT G L, MUELLER R E. North American migration: returns to skill, border effects, and mobility costs [J]. The Review of Economics and Statistics, 2004, 86 (4): 988 – 1007.

[99] JOVANOVIC B, NYARKO Y. The transfer of human capital [J]. Journal of Economic Dynamics and Control, 1995, 19 (5): 1033 – 1064.

[100] KIM S. Labor specialization and the extent of the market [J]. Journal of Political Economy, 1989, 97 (3): 692 – 705.

[101] KNIGHT J, SONG L. Chinese peasant choices: migration, rural industry or farming [J]. Oxford Development Studies, 2003, 31 (2): 123 – 148.

[102] KNIGHT J, SONG L, HUAIBIN J. Chinese rural migrants in urban enterprises: three perspectives [J]. The Journal of development Studies, 1999,

35 (3): 73 - 104.

［103］LI B. Floating population or urban citizens? Status, social provision and circumstances of rural-urban migrants in China ［J］. Social Policy & Administration, 2006, 40 (2): 174 - 195.

［104］LI S. Homeownership and housing consumption change in urban China: Guangzhou under market transition ［J］. Urban Geography, 2017, 38 (5): 752 - 770.

［105］LI S M, LI L. Life course and housing tenure change in urban China: a study of Guangzhou ［J］. Housing Studies, 2006, 21 (5): 653 - 670.

［106］LIU Z. Institution and inequality: the hukou system in China ［J］. Journal of comparative economics, 2005, 33 (1): 133 - 157.

［107］LIU Z. The external returns to education: evidence from Chinese cities ［J］. Journal of Urban Economics, 2007, 61 (3): 542 - 564.

［108］LOGAN J R, FANG Y, ZHANG Z. Access to housing in urban China ［J］. International Journal of Urban and Regional Research, 2009, 33 (4): 914 - 935.

［109］LU ZHIGANG, SHUNFENG SONG. Rural-urban migration and wage determination: the case of Tianjin, China ［J］. China Economic Review, 2006, 17 (3): 337 - 345.

［110］LUCAS JR R E. On the mechanics of economic development ［J］. Journal of Monetary Economics, 1988, 22 (1): 3 - 42.

［111］LUCAS JR R E. Life earnings and rural-urban migration ［J］. Journal of Political Economy, 2004, 112 (S1): S29 - S59.

［112］MENG X. The informal sector and rural-urban migration-a Chinese case study ［J］. Asian Economic Journal, 2001, 15 (1): 71 - 89.

［113］MENG X. Labor market outcomes and reforms in China ［J］. The Journal of Economic Perspectives, 2012, 26 (4): 75 - 101.

［114］MENG X, ZHANG J. The two-tier labor market in urban China: occupational segregation and wage differentials between urban residents and rural migrants in Shanghai ［J］. Journal of Comparative Economics, 2001, 29 (3):

485 – 504.

[115] MICHAELS G, NATRAJ A, VAN REENEN J. Has ICT polarized skill demand? Evidence from eleven countries over twenty-five years [J]. Review of Economics and Statistics, 2014, 96 (1): 60 –77.

[116] MORETTI E. Estimating the social return to higher education: evidence from longitudinal and repeated cross-sectional data [J]. Journal of Econometrics, 2004a, 121 (1): 175 –212.

[117] MORETTI E. Workers' education, spillovers, and productivity: evidence from plant-level production functions [J]. The American Economic Review, 2004b, 94 (3): 656 –690.

[118] MUTH R. Cities and housing: the spatial patterns of urban residential land use [M]. 4th ed. Chicago: University of Chicago, 1969.

[119] PETRONGOLO B, PISSARIDES C. Scale effects in markets with search [J]. The Economic Journal, 2006, 116 (508): 21 –44.

[120] RICE P, VENABLES A J, PATACCHINI E. Spatial determinants of productivity: analysis for the regions of Great Britain [J]. Regional Science and Urban Economics, 2006, 36 (6): 727 –752.

[121] ROSENTHAL S S, STRANGE W C. The attenuation of human capital spillovers [J]. Journal of Urban Economics, 2008, 64 (2): 373 –389.

[122] ROTEMBERG J J, SALONER G. Competition and human capital accumulation: a theory of interregional specialization and trade [J]. Regional Science and Urban Economics, 2000, 30 (4): 373 –404.

[123] SOLINGER D J. Contesting citizenship in urban China: peasant migrants, the state, and the logic of the market [M]. Oakland: University of California Press, 1999.

[124] SONG Y, ZENOU Y, DING C. Let's not throw the baby out with the bath water: the role of urban villages in housing rural migrants in China [J]. Urban Studies, 2008, 45 (2): 313 –330.

[125] SPITZ – OENER A. Technical change, job tasks, and rising educational demands: looking outside the wage structure [J]. Journal of Labor Economics, 2006, 24 (2): 235 –270.

［126］ TAN S, LI Y, SONG Y, et al. Influence factors on settlement intention for floating population in urban area: a China study ［J］. Quality & Quantity, 2017, 51 (1): 147 – 176.

［127］ TANG S, FENG J. Understanding the settlement intentions of the floating population in the cities of Jiangsu province, China ［J］. Asian and Pacific Migration Journal, 2012, 21 (4): 509 – 532.

［128］ TANG S, FENG J. Cohort differences in the urban settlement intentions of rural migrants: a case study in Jiangsu Province, China ［J］. Habitat International, 2015, 49: 357 – 365.

［129］ TYNER A, REN Y. The hukou system, rural institutions, and migrant integration in China ［J］. Journal of East Asian Studies, 2016, 16 (3): 331 – 348.

［130］ WANG F, ZUO X. Inside China's cities: institutional barriers and opportunities for urban migrants ［J］. The American Economic Review, 1999, 89 (2): 276 – 280.

［131］ WU W, WANG G. Together but unequal: citizenship rights for migrants and locals in urban China ［J］. Urban Affairs Review, 2014, 50 (6): 781 – 805.

［132］ WU X, TREIMAN D J. The household registration system and social stratification in China: 1955 – 1996 ［J］. Demography, 2004, 41 (2): 363 – 384.

［133］ WU X, TREIMAN D J. Inequality and equality under Chinese socialism: the hukou system and intergenerational occupational mobility ［J］. American Journal of Sociology, 2007, 113 (2): 415 – 445.

［134］ XIANG J. Gendered pathways to hukou status mobility in China ［J］. Chinese Journal of Sociology, 2015, 1 (2): 231 – 253.

［135］ YANG H. A comparative analysis of China's permanent and temporary migration during the reform period ［J］. International Journal of Social Economics, 2000, 27 (3): 173 – 193.

［136］ YUE Z, LI S, FELDMAN M W, et al. Floating choices: a generational perspective on intentions of rural-urban migrants in China ［J］. Environment and Planning A, 2010, 42 (3): 545 – 562.

［137］ ZHANG H. The hukou system's constraints on migrant workers' job mobility in Chinese cities ［J］. China economic Review, 2010, 21 （1）: 51 -64.

［138］ ZHU Y. The floating population's household strategies and the role of migration in China's regional development and integration ［J］. Population, Space and Place, 2003, 9 （6）: 485 -502.

［139］ ZHU Y. China's floating population and their settlement intention in the cities: beyond the hukou reform ［J］. Habitat International, 2007, 31 （1）: 65 -76.

［140］ ZHU Y, CHEN W. The settlement intention of China's floating population in the cities: recent changes and multifaceted individual-level determinants ［J］. Population, Space and Place, 2010, 16 （4）: 253 -267.

后　记

　　本书是在我博士毕业论文的基础上修改完成的，在南开大学经济学院三年的博士生涯令我终生难忘。在这里，我遇到了很多可敬可爱的人，有我一辈子的老师和朋友。

　　我的导师宁光杰教授是我最敬畏的人。大学二三年级的时候我有幸跟着宁老师读书学习，宁老师治学严谨、为人宽厚，深受学生们爱戴。还记得那时候几个同学去老师在西南村的住处吃饭，老师煮虾给我们吃。有同学笔记本丢了，老师把电脑借给同学用，另一个同学毕业找工作得到了老师的推荐……现在想来，宁老师是全心全意为学生着想的，他是我大学期间遇到的最好的老师。2015 年，我有幸成为宁老师博士开门弟子，与此同时压力也很大，自知自身能力有限，年龄又大，受家庭所累，我对自己的信心不足，生怕有辱师门。感谢宁老师的帮助，他把我一步步从几乎零基础带进了劳动经济学的大门，没有宁老师的帮助，我是无法完成博士学业的。博士论文从选题的论证、章节的设置到计量方法的选取，无不饱含着宁老师的心血，在此向宁老师致以衷心的感谢！希望宁老师及师母身体健康，永远幸福！无论身处天涯海角，无论何时，您都是学生最敬畏的人。

　　读博期间，我遇到了一位"学术小咖"——同门马俊龙博士，每次遇到计量上的困难，我都会第一时间向他寻求帮助。非常幸运能够和马俊龙一起成为宁老师的首批博士，怀念两人一起坐公交车去老师家讨论论文的日子，希望他的学术之路越走越宽。还要感谢师门的王瑜、张雪凯、刘丽丽三位师弟师妹，很开心能够和你们一起讨论问题，共同完成老师布置的工作。读博期间，我还遇到了很多好朋友，大家一起讨论学术问题，相互鼓励，共同度过这段美好又艰苦的岁月，他们是李双建、李策划、陈胜辉、刘凯丰、钟涛、梁志杰、雷霖、李俊、石玉军、徐宝亮、窦玉峰、贺坤、胡春阳、朱亚茹等。还要感谢博士前两年的室友王贵东，他对学术的热忱和执着鼓舞了我，他身上有太多值得我去学习的东西。

　　更为重要的，我要感谢我的家人。感谢爸爸妈妈，他们为我操碎了心。从小到大亏欠父母的太多，这辈子我都报答不了。感谢我的爱人刘超，我上学这几年她担起了家庭的重负，一边工作一边照顾孩子，十分辛苦。感谢哥哥李伟，自从孩子出生，爸妈就在我这边帮我照看孩子，哥哥嫂子没有任何怨言。爸妈生病住院的费用，哥哥承担了绝大部分，也不跟我计较。如果没有家人的支持，我很难在已经过了而立之年又重新回学校读书，谢谢你们！

　　最后要感谢在经济上给我提供帮助的赵志锋、牟春锋、战友、姜在坤几位兄弟，他们知道我短时间内没有偿还能力，但还是借钱给我帮我渡过难关，兄弟们的这份情谊我不会忘记，祝愿大家友谊长青！本书的出版得到了河北省社会科学基金项目（项目编号：HB19RK004）的资助，在此一并表示感谢！